スープ・レッスン2

麺・パン・ごはん

有賀薫

はじめに

シンプルなのに満たされる一皿のために

たっぷりの旬の野菜を使った、シンプルで簡単だけど、とてもおいしいスープレシピを紹介した『スープ・レッスン』。大好評で、多くの方の手に取っていただきました。

そんな健康的で快適な基本のスープをさらに進化させ、一皿だけで食卓を満足できるようにしたのが、本書『スープ・レッスン2 麺・パン・ごはん』です。

基本スープに麺・パン・ごはんをさまざまにアレンジした「一皿スープ」は、外で味わうラーメンや丼とは少し違います。麺ならスープを最後まで飲み干したくなるような、丼でも青菜をもりもり食べられるような、体も心も満ち足りる、やさしいスープごはんです。

いざ自炊をするときに、どこにでもあるような材料と調味料で無理なく作れて、安上がりで、不足しがちな栄養をたっぷりとれて、それでいて満足感があって……求めるものは尽きません。そうした悩みも、この「一皿

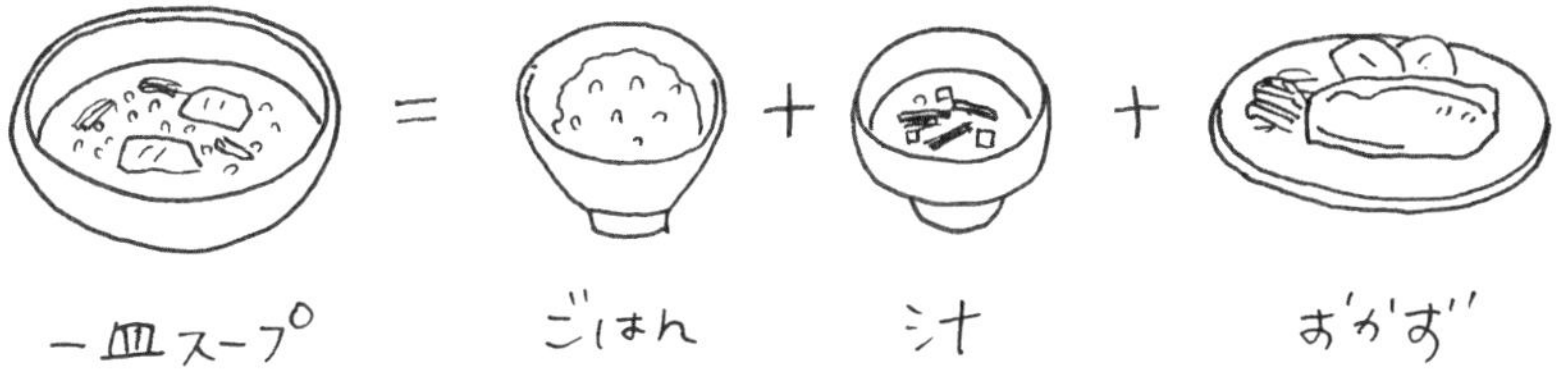

スープ」を作れたら、もつれた糸がほどけるように解消していくはずです。

そもそも炭水化物をスープに入れるレシピは、腹持ちや調理の効率において、最も合理的ですから、そこに栄養や味のこだわりを入れれば、作る人と食べる人の双方に「完璧な食事」になります。

一皿に向かい合う濃密な時間

一人暮らしの勤め人、共働きの夫婦。自炊をしようとすると、必ず出るのが「時短」という言葉です。

すぐ手の届くところに、市販のお惣菜やお弁当、電子レンジ、包丁を使わずに済むカット野菜、調味料もついた料理キットなど、とても便利なものがたくさんあります。時間を節約できる道具や食品はどんどん進化して、私たちを助けてくれます。どれも素晴らしい、価値ある発明だと思います。

けれど、便利なものたちにはひとつ、落とし穴があります。「いろいろな選択をすることができる」ことはつまり「どの選択をしようか迷う」ということです。迷った結果、便利なもので埋もれてしまい、それらなしには暮らせなくなってしまう……、それは「別の不便」なのではないでしょうか。

無駄なものを軽やかに脱ぎ捨てながらも、生活の根っこはしっかり持ちたいと思うのであれば、「今のやり方から一度離れて、シンプルに考えてみる」という選択もあるはずです。

いろいろな道具や食材を使って何品も作る代わりに、1品に集中して取り組んで作ってみる。すると、それまで追われるように感じていた時間が、しっかりと濃密な時間になっていきます。

一皿スープを中心にした食事スタイルなら、献立のわずらわしさも、買い物の量も、洗い物の負担も、さらに栄養の気がかりもぐっと減り、時間はもちろん心が軽くなります。

「やることを選び抜いて、しっかりやる」。これが今の私たちに必要な、便利と快適を両立した「新しい豊かさ」ではないでしょうか。

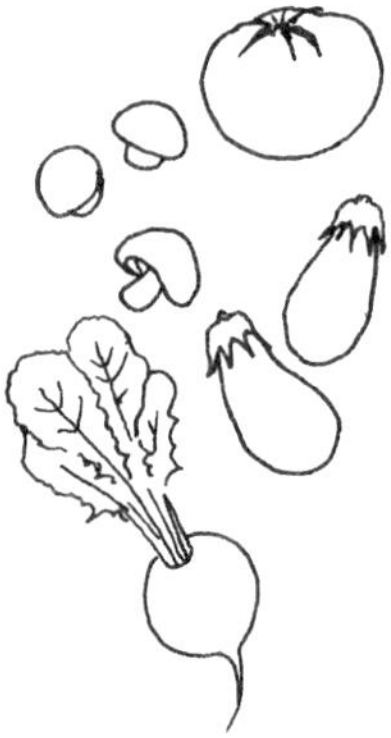

Introduction

ブロッコリーやトマトに焦がした意外なうまみ。手のひらサイズのまいたけ、味噌汁以外で使うなめこの目新しさ。セロリの肉団子のごちそう感、ごろっと煮たみょうがのインパクト。作る楽しさ、食べる喜びが感じられることを、大切にしています。

それは、特別な材料や調味料がなければできないことでは意味がありません。ごく身近なスーパーで買える食材で作れなければ、私たちが毎日の食卓に取り入れることはできないからです。

たくさんのものを抱え込んだ暮らしより、余分なものは手放して、外の世界と軽やかにつながれる暮らしのほうが大切だと思える時代になりました。それなら作り方・食べ方だって、これまでよりさらりと洗練させていくのが自然ではないでしょうか。

たった一皿だからこそ、自ら作ってみたくなるような、大切に食べたくなるような、そして誰かに作りたくなるようなとびきりのレシピを作りました。

この「一皿スープ」から、新しい満足を感じ取ってもらえたらうれしいです。

目次

1章 麺

Noodle

Contents

2章 パン Bread

3章 ごはん

Rice

Contents

「スープ・レッスン」の使い方

計量 について

大さじ1＝15mℓ、小さじ1＝5mℓ、ひとつまみ＝約0.9gです。

塩 について

塩は天然塩を使っています。小さじ1は5gです。食塩（精製塩）を使っている人は小さじ1が塩6gなので、やや減らします。

めんつゆ について

市販のめんつゆは濃縮度が1～4倍までありますが、この本では3倍濃縮を使っています。
同じ仕上がり量でつけつゆをつくるなら、3倍濃縮に対して2倍濃縮なら1.5倍、4倍濃縮なら0.75倍量を使うと同じ濃さになります。

300mℓのつけつゆを作る場合…

2倍濃縮 （1：1）
めんつゆ 150mℓ ： 水 150mℓ

3倍濃縮 （1：2）
めんつゆ 100mℓ ： 水 200mℓ

4倍濃縮 （1：3）
めんつゆ 75mℓ ： 水 225mℓ

麺・パン・ごはん について

ごはんやパン、煮込みうどんなどをスープに入れる場合、煮崩れてふやけた感じがおいしいものです。また、ショートパスタなどもアルデンテよりはやわらかめがおすすめ。

一方、のびないように調理したいのは麺類です。

いずれも、作ったあとはなるべく早く食べましょう。時間差で食べる場合は、スープだけ作り置き、食べる直前に麺、パン、ごはんを入れます。

麺の種類 について

麺には、生麺・ゆで麺・冷凍麺・乾麺があります。冷凍麺や乾麺の進化はめざましく、使いこなせば十分に満足のいく一皿になります。

生麺・半生麺	コシや風味が強い。うどんやラーメンは太さなどを選びやすい
ゆで麺	温めれば食べられる。スープに直接入れるのに便利
冷凍麺	レンジでも調理でき鍋いらず。もっちりした食感
乾麺	長期間常温保存が可能。種類が豊富でショートパスタやそうめんなど乾麺しかないものも

水加減 について

少量の水を使う蒸し煮は、途中でフタを開けてみて、焦げつきがないか確認してみましょう。焦げつきそうだったら水を補ってください。

ひたひた	材料が見え隠れするぐらい
かぶる	材料がちょうど水に浸かる高さ

火加減 について

ガスコンロやIHヒーターの種類、鍋の種類によっても火力や加熱時間が大きく変わることがあります。表記の時間をめやすに調節してみましょう。

強火	鍋底に勢いよく炎が当たる程度
中火	鍋底に炎の先が当たる程度
弱火	鍋底に炎が直接当たらない程度

1章

麺

Noodle

癒し香る ゆずたっぷり白菜スープ

20分

材料　2人分

1/4個の白菜なら
内側の葉を
4～5枚抜く

- 白菜…500g
- 油揚げ…1枚
- ゆず…½個
- 塩…小さじ1
- 水…700～800mℓ

作り方

1
1《ポイント》 白菜は洗って、4㎝ぐらいの幅でそぎ切りにする。油揚げは1㎝幅に切る。

2
鍋に白菜、水100mℓを入れ、フタをして中火にかけ、7～8分蒸し煮をする。フタをあけて油揚げを散らし、水をひたひたに加え、塩小さじ1を加えて沸騰させたら、白菜がやわらかくなるまで沸騰後5分ほど煮る。

3
2《ポイント》 ゆずのヘタをとって種をはずしながら薄切りにする。3《ポイント》 食べる直前に、鍋に散らす。食卓で塩（分量外）を好みで加えて食べる。

ポイント 1

白菜のそぎ切り

白い芯の部分に斜めに刃を入れて、そぐように切ります。そしてなるべく芯のほうから鍋底に入れます。

こうすると、火の通りが均一になりますし、食べやすくなります。

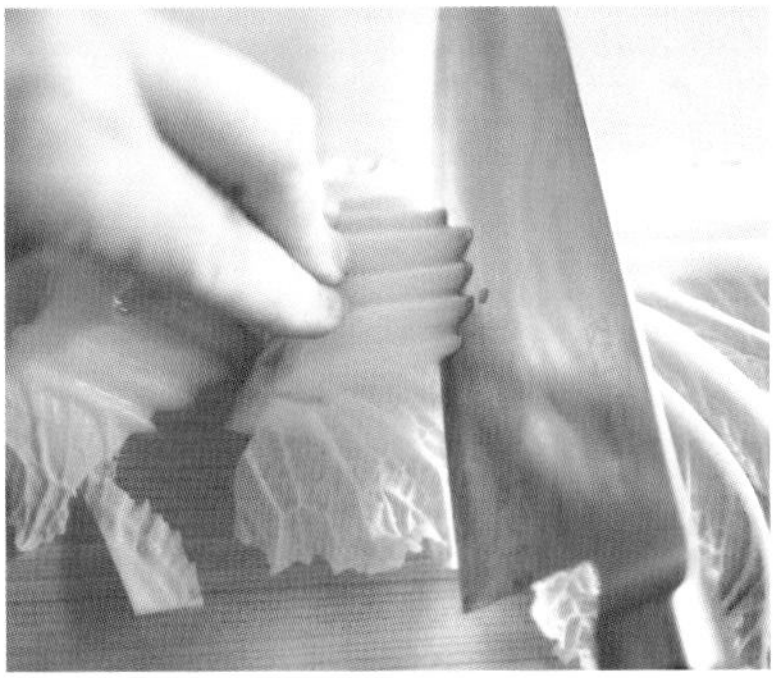

ポイント 2

ゆずの切り方

ゆずは切ると、スカスカしているものが多いです。切りながら種をとっていきましょう。ひとつ、ふたつぐらいは種が残ってもご愛敬です。

ここでは$\frac{1}{2}$個のゆずを、輪切りにするような感じで薄く切っています。

ポイント 3

ゆずは煮すぎない

ゆずを入れたままぐつぐつ煮たり、長い時間スープに入れっぱなしにしてしまうと皮の苦みがスープに移ってしまうのでご注意ください。あとで食べる人がいるときは、一度引き上げておくとよいです。

基本スープ

＋うどん

Arranged recipe

25分

材料

基本

＋めんつゆ　大さじ3（3倍濃縮）

＋冷凍うどん　2玉

作り方

基本スープの2でめんつゆを加え、冷凍うどんを加えて煮ます。

うどんが煮えたら、味見をして塩で味をととのえ、最後にゆずを散らします。好みで七味をふってもOK。

アレンジメモ

基本のスープの油揚げにかえて、薄切りの豚バラ肉や、鱈・鮭などを加えてもよし。柚子の香りが肉や魚の臭みを消してくれておいしく食べられる。

アレンジメモ

あっさりしたスープなので、麺を入れるときは香りや味の強い蕎麦やラーメンより、うどんやそうめんなどをチョイス。うどんなら、少し細めのタイプが合う。

めんつゆの代わりに白だしを使うとスープがクリアに仕上がる。

一皿スープ

ゆず白菜うどん

じゅうじゅう焼きつける

まいたけステーキのスープ

10分

材料　2人分

- まいたけ…150g（大1パック）
- めんつゆ…50㎖（3倍濃縮）
- オリーブオイル…小さじ2
- 一味唐辛子…少々
- 水…400㎖

大株の方がヒダも厚く、
シャキッとした
歯ざわりが楽しめます。

作り方

1 1《ポイント》 まいたけを、大きめに手で分ける。

2 深めのフライパンにオリーブオイルをひいて中火にかけ、まいたけの表側を下にして置く。その上に、2《ポイント》 鍋か水を張ったボウルなどで重しをし、2分ほどそのまま焼く。重しを取り、焦げ目がついていたら裏返して軽く1分ほど焼く。

3 めんつゆ50㎖と水400㎖を加えて煮立てる。好みで一味唐辛子をふる。

ポイント1 まいたけの分け方

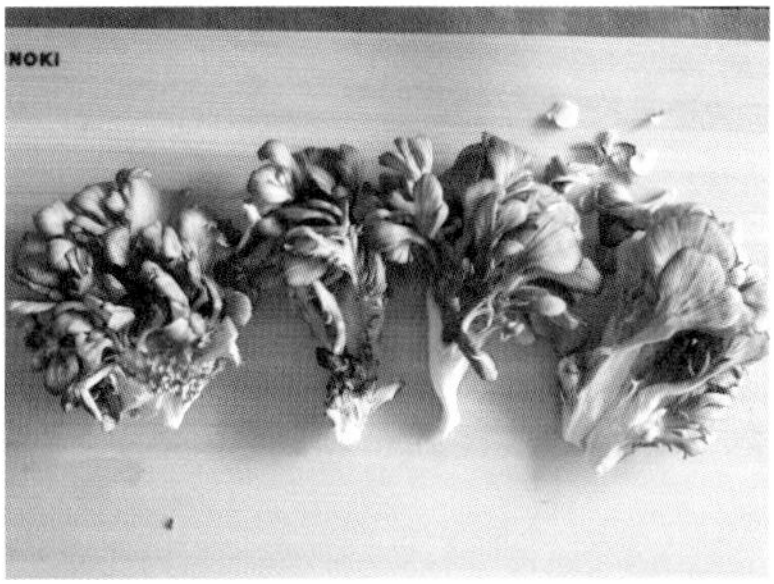

まいたけはあまり細かく分けず、小さなものならそのままで10㎝くらいあっても大丈夫です。汚れはキッチンペーパーなどでふきとります。

ポイント2 まいたけの焼き方

まいたけは表側(茶色の方)から焼きます。まんべんなく焦げ目をつけるために、重い鍋をのせます。重い鍋がなければ、鍋の中に水を入れてもよいです。
(鍋の底はあらかじめ洗っておくとよいが、直に鍋底が食品に当たるのが気になる人は、クッキングペーパーやアルミホイルなどを間に挟めばOK)

2分ほどで焦げ目がつきます。鍋をはずし、裏返してさらに1分ほど焼きます。焦げ目はしっかりつけると、焦げ目のうまみがスープに移っておいしく仕上がります。

基本スープ

＋そば

Arranged recipe

25分

材料

基本 めんつゆ100mℓに

＋ そば 160g ＋ 青ねぎ

作り方

基本のスープを、めんつゆを50mℓ→100mℓ、水を400mℓ→500mℓに増量して作ります。

そばを袋の表示通りにゆでたら湯を切って丼に入れ、つゆを張ります。

最後に、刻んだ青ねぎを散らします。

アレンジメモ

香ばしいまいたけの姿が魅力のスープ。ベーコンや豆腐なども合うが、加えるものは1種類ぐらいにとどめ、まいたけのうまみや歯ざわりをより引き立てるアレンジが合う。

アレンジメモ

スープには一味唐辛子のほか、黒胡椒やすだちなども合う。好みで、辛み、酸味などでアクセントをつけるとよい。

一皿スープ

まいたけそば

酸味さわやか　完熟トマトうどん

10分

材料　2人分

お尻の放射状の線が
はっきりと見える夏の
完熟トマトがおすすめ

- トマト…中2個
- にんにく…1片
  ※チューブのおろしにんにくでも可
- めんつゆ（3倍濃縮）…50㎖
- ごま油…大さじ1
- 冷凍うどん…2玉
- 水…500㎖

作り方

1
1《ポイント》 トマトはヘタをとり、6〜8個のくし切りにする。にんにくは皮をむき薄切りにする。

2
鍋を中火にかけてごま油とにんにくを熱する。2《ポイント》 香りがたったらトマトを入れてあまり動かさないようにして両面1分ずつ、焼きつける。

3
めんつゆ50㎖、水500㎖を鍋に加えてあたためる。煮立ったら味見をして、めんつゆ（分量外）で味をととのえる。冷凍うどんをレンジで表示時間通り解凍し、丼に盛り付ける。うどんにつゆをトマトごとかける。

一皿スープ

ポイント1 トマトの切り方

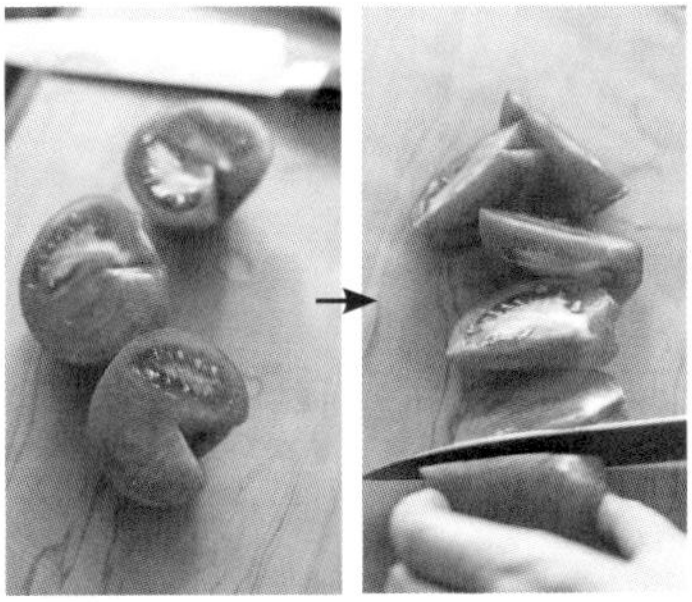

半分にしてヘタをとり、トマトの大きさに応じて6つから8つに切ります。
熟したトマトは、案外切りにくいもの。トマトは押しつぶすようにすると切れません。包丁をすーっと手前に引くようにして切るとスムーズです。

ポイント2 トマトの焼き方

にんにくとごま油を入れて熱したところに、トマトを切り口が鍋底につくように入れます。1分たったら裏返して再度1分、多少は焦げても大丈夫です。
ただ、薄い鍋だとくっついてしまうことがあるので、厚手の鍋がない場合は、フライパンで焼いて鍋に移しましょう。

独特の豊かな風味

鶏ごぼううどん

⏱ 20分

材料　2人分

太めのうどんが相性よし

- ごぼう…30㎝（約120g）
- 鶏もも肉…150g
- ごま油…大さじ1
- 塩…小さじ1
- 黒胡椒…小さじ½
- 冷凍うどん…2玉
- 水…600㎖

作り方

1

1《ポイント》 ごぼうを洗って泥を落とす。2《ポイント》 ささがきにして水にさらす。鶏もも肉は小さめに切る。

2

深めのフライパンを強火にかけてごま油を熱し、よく水気を切ったごぼうを入れる。全体に広げてあまり動かさずに1分半ほど加熱。中火に落としてざっくり混ぜつつ、もう2～3分炒める。

3

炒めたごぼうに、鶏肉と水600㎖、塩小さじ1を加えて煮立てる。アクが出てきたら大まかにすくって火を弱め、2分ほど煮込む。火を止めて胡椒を加える。冷凍うどんを表示時間通りにあたため、丼に入れ、スープを注ぐ。好みで胡椒を追加でふってもよい。

一皿スープ

ポイント 1　ごぼうの洗い方

ごぼうは、たわしで洗います。たわしがない場合はスポンジなどでもOK。洗うことで皮がむけます。
ごぼうの皮は、真っ白になるまで洗わなくても大丈夫です。

ポイント 2　ごぼうの切り方

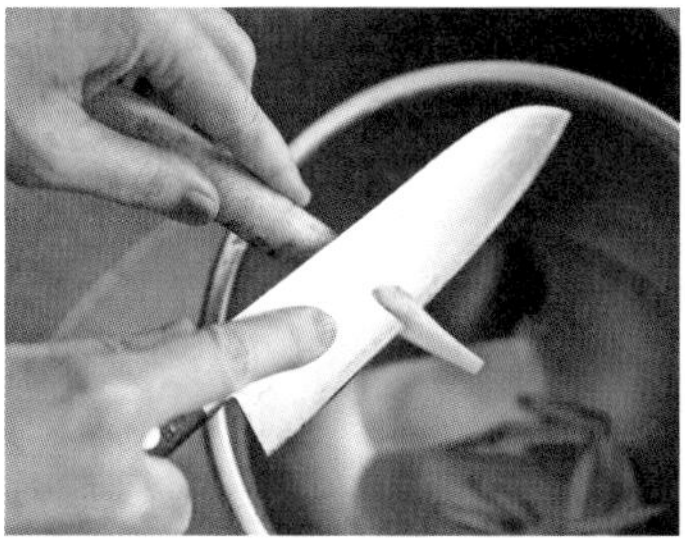

ごぼうを回しながら、下に向かってそぎ落とすように切っていきます。
水の入ったボウルに、ごぼうを直接落としていくと、ごぼうが変色しにくくなります。あまり長く浸けておくと味が抜けるので、全部ささがきにし終わったらザルに上げて、水をしっかり切っておきます。

さっぱり上品

みょうがと鶏むね肉のスープ

15分

酢が味付けの
ポイント
つやつやで
ぷっくりしたものを

材料 2人分

- みょうが…3〜4個
- 鶏むね肉…180g（½枚）
- 塩…小さじ⅔
- 酢…小さじ2
- しょうゆ…小さじ1
- 水…500㎖

作り方

1 みょうがは縦半分に切る。**1**《ポイント》 鶏むね肉は、皮をとって薄めのそぎ切りにする。皮も刻む。

2 鍋を中火にかけ、酢小さじ2と塩小さじ⅔、水500㎖を加えて沸かす。沸騰したら弱火に落とし、**2**《ポイント》 鶏むね肉を1枚ずつそっと入れていく。鶏皮も最後に加える。かき混ぜないように1分半から2分煮たら、鶏皮を残してむね肉を皿に取り出す。

3 みょうがを鍋に加えて2分ほど煮たら、鶏を戻し、醤油小さじ1で味をととのえる。

ポイント 1 鶏むね肉の切り方

厚みのある鶏肉を食べやすいように包丁を寝かせて削ぐように薄く切ります。
切るときは、左手を肉に添えて、包丁の刃の手元側を肉に当て、手前に引くように切りましょう。
鶏肉は皮をはずして、肉と皮を別々に切るとラクです。

ポイント 2 鶏肉はそっと泳がせるように

火を弱め、静かに鶏むね肉を湯に入れていきます。なるべくきれいなスープをとりたいのです。
1枚ずつ入れることで鶏の表面をさっと固め、さらに弱火でゆっくり煮ます。ボコボコ煮立てるとアクがたくさん出て濁ってしまいます。
鶏むね肉はあっという間にパサついて固くなってしまいますので、一度引き上げます。皮は入れておいて大丈夫です。
茹で時間は厚さにもよりますが、1分半から2分。気になったら試しに1枚、切ってみましょう。

基本スープ

＋そうめん

アレンジメモ

繊細で上品な味のスープには、そうめんのように繊細な麺が合う。そうめんを入れるときにめんつゆまたは白だしを少し加える。冷やしてもおいしい。

Arranged recipe

25分

材料

基本＋めんつゆ 大さじ2

＋そうめん 150g

作り方

基本のスープに、めんつゆ大さじ2を加えて作り、冷蔵庫で冷やしておきます。

そうめん150gを袋の表示通りゆで、湯を切って水洗いし、水気をしっかり切って器に入れ、スープを張ります。

酢でうまみをプラス

酢は、酒（もろみ）を酢酸菌で発酵させたもの。酸味が強いですが、ちゃんとうまみや甘みもあるのです。料理の味が平坦だなと思うとき、塩やだしの素のかわりにほんの少し酢を足すと、バランスがとれて味に奥行きが生まれます。入れすぎは禁物です。

一皿スープ

みょうがのぶっかけそうめん

湯引きレタスのチキンスープ

万能しょうがだれ

45分

ふんわり巻いた、
軽いものがおいしい

材料　2人分

- レタス…½玉
- 鶏手羽先…5〜6本
- しょうが…30〜40g
- 塩…小さじ⅔
- しょうゆ…大さじ2
- 酢…小さじ1
- ごま油…小さじ1
- 水…1000〜1200㎖

作り方

1 鶏手羽先を鍋に入れ、ひたひたの水を加えて中火にかける。**1**《ポイント》アクがたっぷり出たら一度湯を捨てて肉を洗う。肉を鍋に戻し水1000㎖、しょうがの薄切りを加えて、再度中火にかける。沸騰したら弱火に落とし、**2**《ポイント》30分ほど煮込んでスープをとる。塩小さじ⅔で味をつける。

2 小さな器に、醤油、酢、ごま油を混ぜ、しょうがの千切りを加えて、たれを作っておく。

3 **3**《ポイント》レタスは半分に切り、水に浸してパリッとさせ、水気をよく切っておく。鶏手羽先を先に盛り付け、鍋にレタスを入れ、1分半ほど上下を返して煮る。レタスとスープを手羽先の皿に一緒に盛り付け、たれを添える。

ポイント 1 鶏手羽先でスープを作る

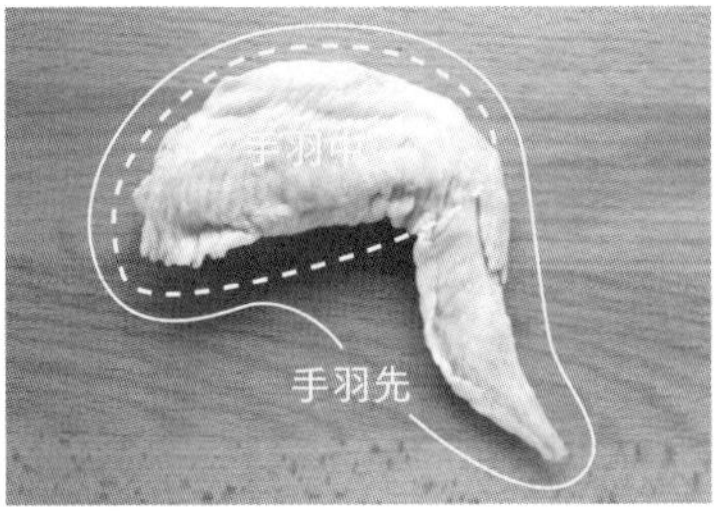

レタスは淡白な野菜なので、スープにするにはしっかりしただしが必要です。スープに使う手羽先は、肉、骨、ゼラチン質が含まれていて、濃厚なスープを取るのに向いています。

水を加えて煮たて、アクがいっぱい浮いてきたら一度火からはずし、手羽先を取り出してお湯を捨ててしまいます。このひと手間で、透明なきれいな味のスープができるので、ぜひやってみてください。

ポイント 2 スープは沸騰させない

下茹でした手羽先に水としょうがを加え、沸騰後30分コトコト煮ます。時間があれば45分煮込むとよいでしょう。強火でボコボコ沸かすと濁るので気をつけてください。

ポイント 3 レタスの水はしっかり切る

レタスは5〜10分、水につけてパリっとさせてから使います。水はしっかり切らないとスープがうすくなってしまいます。サラダスピナーがあると楽ちんですが、ない場合はキッチンペーパーなどでふきとります。

基本スープ

＋そうめん

アレンジメモ

手羽先のかわりに、骨なしの鶏もも肉でもOK。骨なしの肉の場合、最初の湯通しは色がかわる程度で大丈夫。

Arranged recipe

45分

材料

基本

＋ 塩 小さじ⅔→1

＋ そうめん 150g

作り方

基本のレシピでスープを作り、塩を小さじ⅔→小さじ1に増やします。

そうめん150gをゆで、水で洗ってしっかり水を切り、スープに入れます。

生野菜をホットで

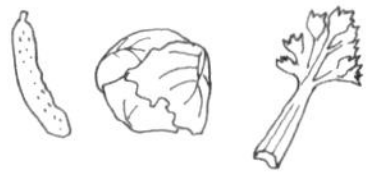

レタスやきゅうり、セロリなど、生で食べることの多い野菜をスープにすると意外なおいしさがあります。セロリは多少長く煮込んでも大丈夫ですが、レタスやきゅうりは仕上げに入れて、さっと煮て火を止め、シャキシャキした食感を残すぐらいにしましょう。

一皿スープ

レタスにゅうめん

厚切り肉の食べごたえ

チンゲン菜と豚バラ肉の中華スープ

25分

材料　2人分

焼き肉用の厚切りのもの、または煮豚用のかたまり肉で

- チンゲン菜…1束（100g〜150g）
- 豚バラ肉…150g
- しょうが…1片
- 塩…小さじ½
- しょうゆ…適宜
- からし…適宜
- 水…600㎖

作り方

1

1《ポイント》 豚バラ肉は食べやすい幅に切る。しょうがは薄切りにする。肉を深めのフライパンに入れ、かぶるくらいの水（分量外）としょうが1枚を加え、中火にかける。2《ポイント》 沸騰したら3〜5分ほど弱火で煮て、ザルに上げ、水で軽く表面を洗う。

2

3《ポイント》 チンゲン菜を洗って、ヨコ半分に切り、茎の部分をタテ¼〜⅙にする。フライパンに**1**の肉、チンゲン菜の茎、残りのしょうが、水600㎖と塩を入れ、沸騰したら中弱火で8〜10分煮る。茎が柔らかくなったら、葉を入れて1分煮る。

3

しょうゆ少々を足して味をととのえる。器に盛り付け、好みでからしを添える。

ポイント1 豚肉の厚さ

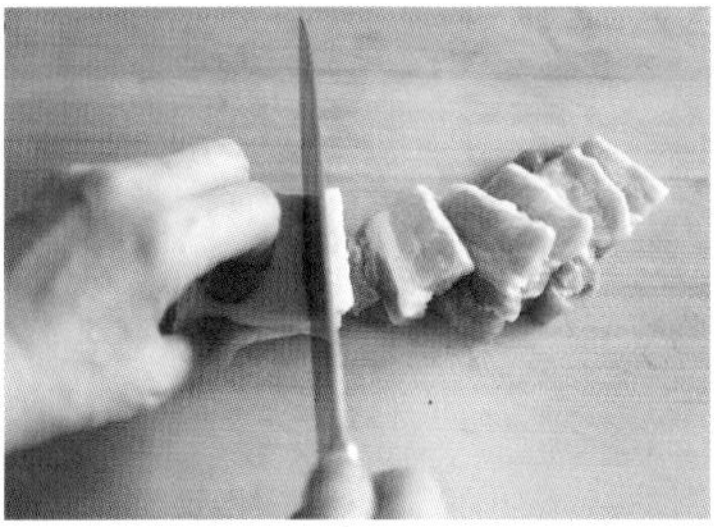

豚肉は焼き肉用など厚切り肉を使います。豚バラ肉や肩ロースなど、脂身が多めのほうが向いています。味つけ肉ではないものを。かたまり肉を買ったときは8㎜〜1㎝の厚みに切ります。

ポイント2 豚肉の下ゆで

脂や肉の臭みをなくすため、ゆでます。鍋に肉を並べてかぶるぐらいの水を入れ、しょうがの薄切りを一切れだけ入れて煮ます。

ゆでた豚は、アクの浮いたお湯ごとザルに上げてしまいます。肉にアクがついてしまうので、水でさっと洗い流します。
ゆでたり洗ったりしてうまみが逃げてしまわないか心配になるかもしれませんが、問題ありません。余分なアクや脂が抜けてすっきりした仕上がりになります。

ポイント3 チンゲン菜の切り方

チンゲン菜は、まず横半分に切って、大きく茎と葉に分けます。茎は、縦に割り、半分にしたものをさらに2つか3つに縦に切ります。茎の根元に泥がはさまっていたら、流水で洗いましょう。

基本スープ

＋中華麺

Arranged recipe

30分

材料

基本　水を700mℓに

＋中華スープの素　小さじ1

＋中華麺　2玉

作り方

加える水を700mℓに増やして基本のスープを作ります。創味シャンタンなど練りタイプの中華スープの素(顆粒でも)を小さじ1杯程度加えます。仕上げに片栗粉大さじ1を同量の水で溶いて少しずつ加え、とろみのあるスープにします。

中華麺を表示時間通りにゆでて丼に入れ、スープをかけます。さっぱりとした昔ながらの中華そば的な味わいですが、好みでごま油や胡椒を足してもよいでしょう。

アレンジメモ

がっつり脂身のついた肉を使っているが、ノンオイルのレシピであることを活かして豆腐、もやしなど、あっさりした食材で仕上げてもよい。

アレンジメモ

中華麺は、生麺でも乾麺でも、インスタントラーメン(麺だけ)を使ってもOK。細めの麺が向く。スープは味見をしながら、すこし濃いめにつける。

一皿スープ

チンゲン菜と豚バラ肉のあんかけ中華麺

やさしい甘さ　キャベツとベーコンのスープ

25分

材料　2人分

- □ キャベツの葉…4〜5枚（200g）
- □ たまねぎ…½個
- □ ベーコン…60g（3枚）
- □ オリーブオイル…大さじ1
- □ 塩…小さじ1
- □ 胡椒…少々
- □ 水…600㎖

作り方

1 たまねぎは薄切りにする。ベーコンは食べやすい大きさに切る。

2 鍋に1《ポイント》オリーブオイル大さじ1とたまねぎを入れて、中火で3分ほど炒める。2《ポイント》キャベツを大きくちぎりながら入れる。切ったベーコン、塩小さじ1、水100㎖を加え、フタをして5分蒸し煮にする。

3 水500㎖を加えて火を弱め、さらに10分ほど煮込む。胡椒をふる。

ポイント 1

たまねぎの炒め方

たまねぎを3分ほどしっかり炒めてうまみを引き出します。多少焦げ色がついてもOKですが、あまり焦げつくようなら、水を少し加えましょう。

ポイント 2

キャベツはちぎる

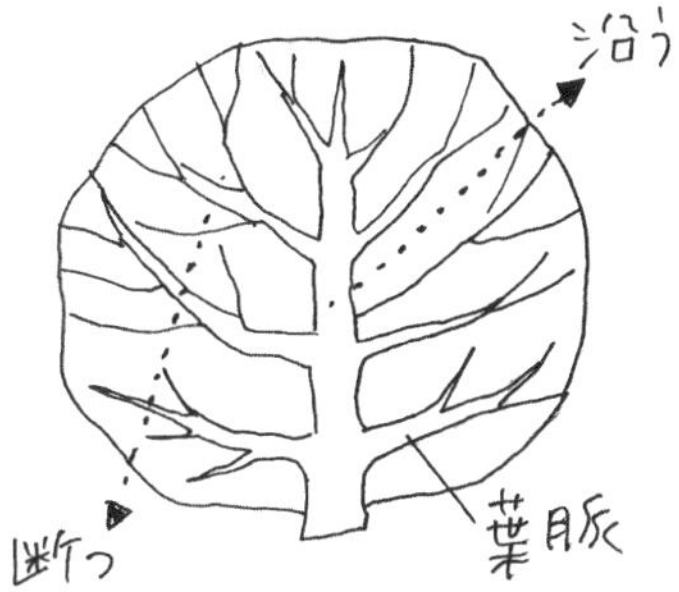

キャベツは葉脈に沿ってちぎり、それから繊維を断つようにちぎります。葉脈からはアクが出やすいので最後にちぎるとよいのです。
また、一番外葉の緑が濃すぎる部分は、キャベツの臭みが出やすいのであまりスープには向きません。

キャベツをちぎると大きさや形にバラツキが生まれ、食べたときに変化が生まれます。直接鍋に入れていきます。

基本スープ

＋スパゲッティ

Arranged recipe

25分

材料

基本＋にんにく　1片
＋ソーセージ　4本
＋スパゲッティ　160g

作り方

基本のスープを作るときに、たまねぎと一緒につぶしたにんにくを入れて炒めます（にんにくはキャベツを入れる前に取り出して）。最後にソーセージ4本を加えてあたためます。

スープに加水したら、同時にスパゲッティをゆで始めます。袋の表示時間通りゆでて、できあがったスープに加え、塩、胡椒で味をととのえます。

アレンジメモ

キャベツの切り方を変えるだけで変化がつく。葉をざく切りにする、細切りにする、くし切りにするなど、それぞれ違った食感と味わいになる。

アレンジメモ

キャベツやベーコンと相性がよくおすすめなのは、じゃがいも。皮をむき（大きなものは半割にしてから）薄切りにしてパスタと一緒にゆでるとさらにボリュームアップ。

一皿スープ

キャベツのスープパスタ

とろりと甘〜い 長ねぎと鶏皮の塩ラーメン

10分

生の鶏皮
1〜2枚でもよい

材料 2人分

- 長ねぎ…1本
- 鶏皮焼き鳥(塩)…2本
- サラダオイル…大さじ1
- 塩…小さじ1
- 鶏ガラスープの素…小さじ1
- ラーメン…2食分
- 七味唐辛子…少々
- 水…650mℓ

作り方

1 長ねぎは、洗って斜め薄切りにする。

2 長ねぎを鍋に入れ、サラダオイル大さじ1、塩小さじ1、水50mℓを加える。水分がなくなるまでは中火、1《ポイント》水分がなくなったら弱火に切り替え、4〜5分炒める。

3 2《ポイント》鶏皮を串から抜いて鍋に加え、水600mℓと鶏ガラスープの素小さじ1を加えて中火にする。煮立ったら火を弱めて約3分煮る。味を見ながら、塩(分量外)で味を調節する。麺をゆでてザルにあげ、丼に入れて具とスープを注ぎ七味唐辛子をふる。

郵便はがき

おそれいりますが
63円切手を
お貼りください。

1028641

東京都千代田区平河町2-16-1
平河町森タワー13階

プレジデント社
書籍編集部 行

フリガナ		生年（西暦） 年	
氏　名		男・女	歳
住　所	〒 TEL　　（　　）		
メールアドレス			
職業または学校名			

ご記入いただいた個人情報につきましては、アンケート集計、事務連絡や弊社サービスに関するお知らせに利用させていただきます。法令に基づく場合を除き、ご本人の同意を得ることなく他に利用または提供することはありません。個人情報の開示・訂正・削除等についてはお客様相談窓口までお問い合わせください。以上にご同意の上、ご送付ください。
＜お客様相談窓口＞経営企画本部 TEL03-3237-3731
株式会社プレジデント社　個人情報保護管理者　経営企画本部長

この度はご購読ありがとうございます。アンケートにご協力ください。

本のタイトル

●ご購入のきっかけは何ですか?(○をお付けください。複数回答可)

1 タイトル　2 著者　3 内容・テーマ　4 帯のコピー
5 デザイン　6 人の勧め　7 インターネット
8 新聞・雑誌の広告（紙・誌名　）
9 新聞・雑誌の書評や記事（紙・誌名　）
10 その他(　)

●本書を購入した書店をお教えください。

書店名／　（所在地　）

●本書のご感想やご意見をお聞かせください。

●最近面白かった本、あるいは座右の一冊があればお教えください。

●今後お読みになりたいテーマや著者など、自由にお書きください。

どうもありがとうございました。

一皿スープ

ポイント 1 長ねぎの炒め方

鍋に切った長ねぎを入れ、水と塩、サラダオイルを入れて中火にかけます。水が入っているあいだは焦げないのでときどき混ぜるぐらい、焦げそうなら水をちょっと加えます。

水が減ってくると内側の部分が溶けてねっとりしてきます。

ポイント 2 鶏皮について

コンビニなどで売っている鶏皮だけの焼き鳥を使うと便利です。焦げ目がいい感じのうまみになってくれます。大きめサイズなら1本、小ぶりのものなら2本にしましょう。

生の鶏皮を買ってきて使う場合はキッチンばさみで切ると楽です。

ふんわり、パリパリ たまごと海苔の蕎麦

20分

材料　2人分

- たまご…3個
- 海苔…1枚（全形）
- サラダオイル…大さじ1
- めんつゆ…90㎖
- 蕎麦…2食分
- 水…450㎖

作り方

1

めんつゆを耐熱容器に入れて水で割り、かけつゆの濃さに調節する。600Wのレンジに5~6分かける。たまごをボウルに割り入れ、塩ひとつまみ（分量外）を加えて箸で溶く。

2

フライパンを強火にかけてサラダオイルを熱し、1《ポイント》 十分に熱くなったらたまごを一気に流し入れる。大きく箸で混ぜ、半熟状態になったらヘラなどで寄せ、火を止める。

3

蕎麦を表示時間通りにゆで、湯を切って丼に入れる。たまごをのせ、めんつゆをかけ、海苔をたっぷりちぎって散らす。

ポイント 1 たまごの炒め方

まず大事なのは、フライパンが十分に熱くなってから溶きたまごを入れること。箸の先にたまごをちょっとつけて、油の上に落としてみた瞬間にたまごがふくらんでくるようなら、OKです。

間髪を入れずに菜箸でかき混ぜ続けましょう。フライパンのふちのほうから全体を大きく混ぜるつもりで。
たまごはすぐ焼けて固くなるので長い時間フライパンにつけておかないほうがいいのです。

写真ぐらいになったら、ヘラでたまごを端から中央に寄せ、ざっとまとめ、すぐ火から外します。できれば皿にとっておきましょう。オムレツのように綺麗な形ができなくても大丈夫。

真っ白ふくよか かぶのクリームシチュー

30分

大きめなら3個、
小さめなら4個

材料 2～3人分

- かぶ…中3個
- 鶏むね肉…200g
- バター…30g
- 小麦粉…大さじ3
- 塩…小さじ1
- 胡椒…少々
- 水…500mℓ

作り方

1 鶏むね肉を3cm角に切り、塩小さじ1をまぶす。かぶは葉と根を切り落とし皮つきのまま1/4個（大きなものは1/6個）に切る。葉は1個分を3cmに刻む。

2 鍋を中火にかけバターを溶かし、1《ポイント》小麦粉を一度に加える。ヘラでよく混ぜながら、2分～2分半ほど加熱し、火から外す。水500mℓを、少しずつ加えながら混ぜる。

3 鍋を中火にかけ、煮立ったらかぶを入れて10分、その後、鶏を加えて5分ほど、肉に火が通るまで煮る。塩（分量外）と胡椒で味をととのえる。かぶの葉を加えて1分ほど煮る。

ポイント 1

ホワイトルウの作り方

バターと小麦粉は同量です。バターは焦げやすいので、いくつかに切っておくとスムーズに溶けます。バターがぷくぷく泡立ったら、一度に粉を加えます。

最初ワーッと泡が出ますが、すぐに落ち着きますので慌てずにヘラでよく混ぜながら火を入れていきます。火が強すぎると焦げるので、火加減に気をつけてください。

ルウの状態は、時間とともに変化します。1分ほどたつと、ボソボソした感じになってきます。茶色く焦がしてはいけないのですが、あまり気弱に切り上げると、粉っぽいソースになります。
2分から2分半ほどしっかり炒めると、うっすら色づき小麦粉の香ばしさが出てきます。

基本スープ

＋ パスタ

Arranged recipe

30分

材料

基本 ＋ ショートパスタ 60g

＋ 牛乳 100㎖

作り方

基本のシチューに入れる水のうち100㎖を牛乳に変えて作ります。

かぶを煮込んでいる間にショートパスタをゆで始めます。袋の表示時間通りにゆでてザルに上げ、シチューに加えて軽く煮込みます。

アレンジメモ

ホワイトルウができてしまえば、具は自由自在。ベーコンとかぶ、豚のこま切れとかぶなどの組み合わせもおいしい！

スープに向くパスタ

くるくるパスタ（フジッリ）や、蝶型パスタ（ファルファッレ）、ペンネなどが、ソースが絡みやすくておすすめ。

一皿スープ

パスタ入り クリームシチュー

香味さわやか

セロリのごちそう団子スープ

20分

材料　2～3人分

- セロリ…1本（150g前後）
- 鶏むねひき肉…200g
- 塩…小さじ1
- サラダオイル…大さじ1
- 湯…600㎖

作り方

1

1《ポイント》 セロリは上部の細い茎と葉はみじん切り、太い茎の部分は斜め薄切りにする。

2

2《ポイント》 鶏ひき肉に塩小さじ⅓を加え、ねばりが出るまで練る。そこへ、みじん切りにしたセロリの葉と茎、サラダオイルを加え、よく混ぜる。鍋に湯を600㎖わかし、8等分にした肉を手で丸めてそっと入れ、弱火で5～6分煮る。

3

薄切りのセロリと塩小さじ⅔を加え、さらに2分煮て火を止める。

ポイント 1 セロリの切り方

セロリは、細い茎と葉の上半分、太い茎の下半分に分けて切ります。葉は、全部は使いません。細い茎と合わせて50〜70gです。

上半分は細かく刻みます。細い茎は、まず縦に包丁を入れてから、刻んでいくと簡単にみじん切りに。葉は細く刻んでからタテヨコに包丁を入れ、みじん切りにしておきます。

続いて、下半分の茎を斜め薄切りにします。セロリには筋がありますが、これは茎を斜めに切ることで断ち切りますので、取る必要はありません。

ポイント 2 肉団子の作り方

肉団子の手順は①肉と塩を練る、②セロリと油を加える、③丸めてゆでる、の3段階です。
一番大事なのはひき肉と塩を粘りが出るまでしっかり練ること。1分ほどで粘りが出てきます。

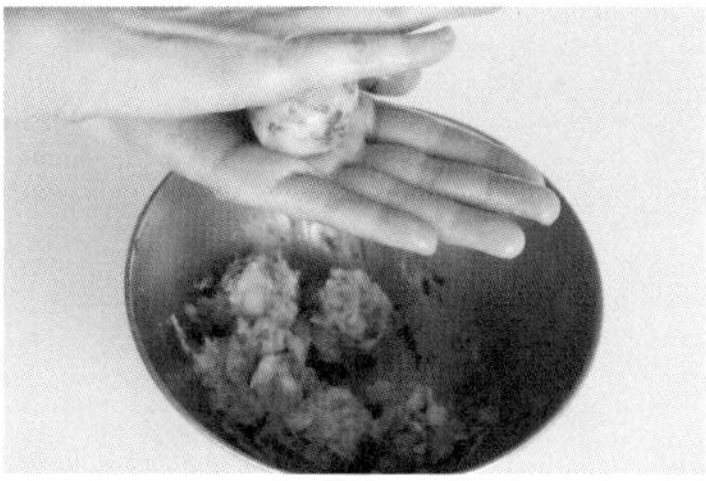

セロリの葉とサラダオイルを混ぜた肉だねを8等分にしておき、丸めます。手に少量の水をつけながらやるとなめらかに仕上がります。

基本スープ

＋ はるさめ

Arranged recipe

25分

材料

基本　湯を750mlに、塩を小さじ1と⅓に増やす

＋ はるさめ　50g

作り方

湯量と塩を増やして基本のスープを作ります。

肉団子が煮えたところではるさめを加えて2分ほど煮て、そこへセロリの茎と塩小さじ1を加えてさらに2分煮ます。

アレンジメモ

はるさめには煮崩れにくい緑豆はるさめと、やわらかく口当たりのよい馬鈴薯(じゃがいも)でんぷんのはるさめがある。作りおきする場合は緑豆はるさめを。スープを多めにして直接入れて煮ても大丈夫。

アレンジメモ

ピーマン、青ねぎなどの香味野菜を切ったものを加え、ナンプラーやニョクマムで味付けすると、ベトナム風に。パクチーやレモンなどを添えればより本格的。

一皿スープ

セロリ団子の
ごちそうはるさめスープ

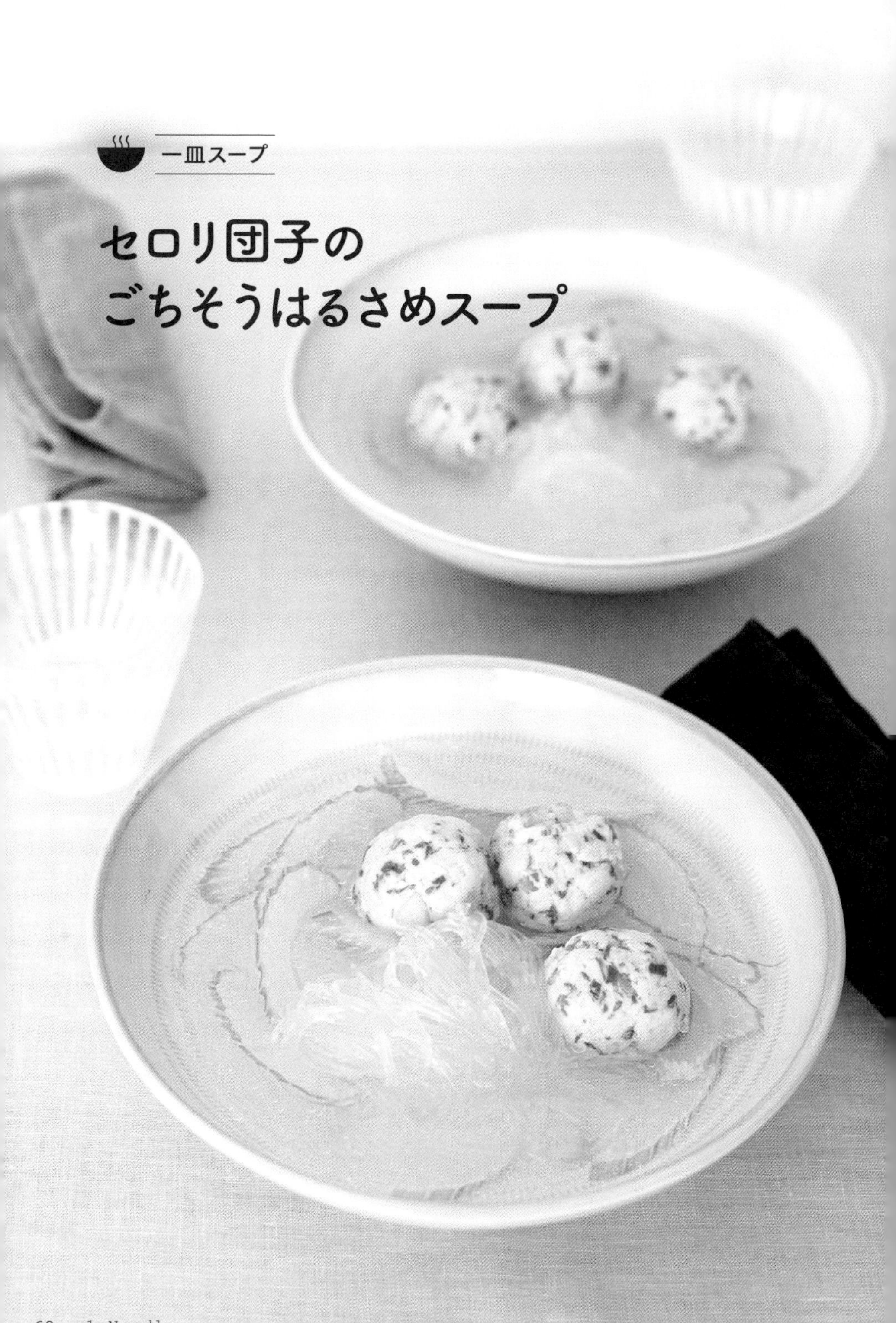

Before

麺とだんどり

私の父は、麺好きで、休みの日の昼食に蕎麦やラーメンが出てくるとうれしそうにしていました。

ところが、母はよく父のいないところで、麺はあまり好きではないのよ、と言っていました。母の麺嫌いは食べるのが嫌いというよりも、作ることの大変さにあったと思います。5人家族の麺メニューを家庭の台所で作るのは大仕事。せわしないだけでなく、母が全部をととのえて食べ始めるころには、もう家族は食べ終わっています。

そう、麺料理は、細かいパーツを組み立てて作る工作のようなもの。仕上がりをイメージしながらつゆを作り、のせる具を作り、麺をゆで、そのすべてを、時間制限の中でだんどりよく合わせる作業ができて、はじめておいしく食べられます。その作業は職人的で、ラーメン屋のカウンターできびきび働く人たちの手際を観察していると、何人分も一緒にゆでられる大鍋、湯を切る特殊なザル……道具も含めてこんなことを家庭でやるのはちょっと無理があることがわかります。

Column　*After*

麺好きだけれど、作る大変さも知っている私としては、家庭の麺は、店の真似をするのではなく、家庭の麺なりのやり方で作ったほうが、おいしく食べられると考えています。パーツを多くしすぎると、家の設備と人手ではパンクしてしまうからです。

麺のレシピを作るときは、だんどりがなるべくスムーズにいくように、スープと具材と麺を同時に用意するあわただしさを避け、工程を減らす工夫をします。具も一緒に煮込めるスープであれば、具材とスープが一体化します。さらに麺を入れて煮込むことができれば、鍋ひとつですませられます。麺を別鍋でゆでるなら、今度はスープのほうで楽ができないか考えます。作り置きしておけるようなものや、材料や作る手順がごくシンプルなもの。

また、便利な食品や調味料はなるべく積極的に取り入れます。めんつゆは味が決まりやすく現代のキッチンには欠かせない調味料のひとつですし、レンジで簡単に調理できる麺、あるいはインスタント麺も利用します。全部をこだわりぬくと、麺の気軽さが失われてしまうからです。

好きなものだからと大変な思いをしながら作るのも、大変だからと好きなものを我慢するのも残念です。好きなものを楽に作るのが、理想の自炊麺。あの世にいる両親に味見させたいなあと、麺をすすりながらときどき思います。

2章 パン

Bread

あと引く香り　焼きブロッコリーのスープ

10分

材料　2人分

花蕾が少し
紫がかったものが
甘い

- ブロッコリー…1個
- オリーブオイル…大さじ1と½
- 塩…小さじ½
- 粉チーズ…大さじ2
- 水…約500㎖

作り方

1

1《ポイント》 ブロッコリーを小房に分け、さらに半分に切る。軸も3〜4㎝の長さにして4つ割りにする。

2

鍋にオリーブオイルを入れて強火にかけ、ブロッコリーの切り口を下にして入れる。1分半〜2分で、2《ポイント》 ブロッコリーに焦げ目がついたら箸で返して、花蕾を1分ほど焼く。

3

水500㎖と塩小さじ½を加えて沸騰させる。器に盛り、粉チーズをふる。

ポイント 1
ブロッコリーを解体する

ブロッコリーは根本から包丁の刃を入れて、まずは1房ずつにバラしていきます。

焦げ目をつけやすくするため、花蕾を1房の半分にカットして、切り口を作りましょう。

軸もおいしいので、長さ3〜4㎝に切り、縦4つに割るように切ります。切った後で洗うと、花蕾の中の汚れがとれやすいです。

ポイント 2
ブロッコリーを焼きつける

オリーブオイルをひいて強火にかけ、ブロッコリーを、切り口を下にして並べていきます。動かさず、そのまま焼いていきます。
2分ほどしてひっくり返すと、焦げ目がついています。箸などで、ブロッコリーを逆さまにして、花蕾部分を鍋底に押しつけます。さらに1分ほど、焼き目をつけましょう。

基本スープ

\+ パン

Arranged recipe

12分

材料

基本

\+ 細切りチーズ 大さじ1

\+ 薄切りバゲット 6枚

作り方

基本の作り方でスープを作り、粉チーズのかわりに細切りチーズを大さじ1ぐらいずつのせます。トースターでカリカリに焼いたバゲットを添えましょう。

ブロッコリーを焼くときに刻んだベーコンやハムを入れるとさらにボリュームアップします。

アレンジメモ

オリーブオイルにつぶしたにんにくを加えると、ワインにも合う！オイルに香りが移ったら焦げる前に取り出すこと。

粉チーズは常温保存で

粉チーズは実はとてもスグレモノ。パスタやサラダにかけるだけでなく、スープや味噌汁などの料理にかけてもおいしく、また食卓で各自塩味の調節もできます。

（基本は常温保存。あまり使わない人は冷凍庫に入れると長持ち）

一皿スープ

チーズのせ
ブロッコリースープ

トロトロ食感 なすのシンプルスープ

20分

材料 2人分

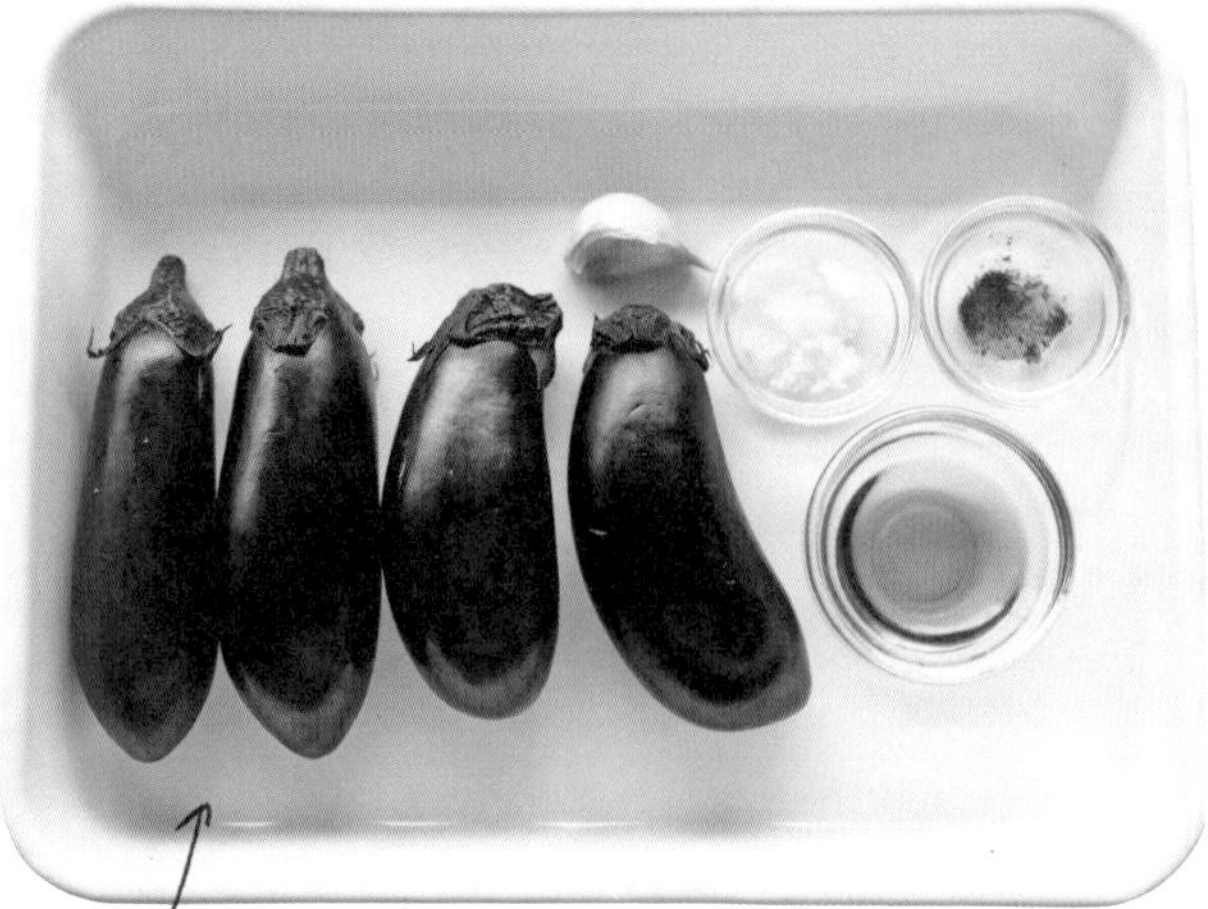

ガクのピンとしたものが新鮮

- ナス…4本
- にんにく…1片
- オリーブオイル…大さじ1
- 塩…小さじ1弱
- 一味唐辛子…適宜
- 水…400㎖

作り方

1

1《ポイント》 ナスはまるごと1本ずつラップに包み、600Wのレンジに7〜8分かける。柔らかくなったら取り出し、手でさわれるぐらいまで冷ます。

2

2《ポイント》 ナスに切り込みを入れ、開いて、スプーンで中身だけをかき出す。鍋にオリーブオイルと、皮をむいてつぶしたにんにくを入れて弱火にかけ、にんにくの香りが立ちのぼってきたらナスを加えて中火で3分ほど、水分がなくなるまで炒め、ペースト状にする。

3

塩小さじ1弱を加えてよく混ぜる。水400㎖を加えて煮立て、器に盛って一味唐辛子をふる。

ポイント 1 ナスをレンジにかける

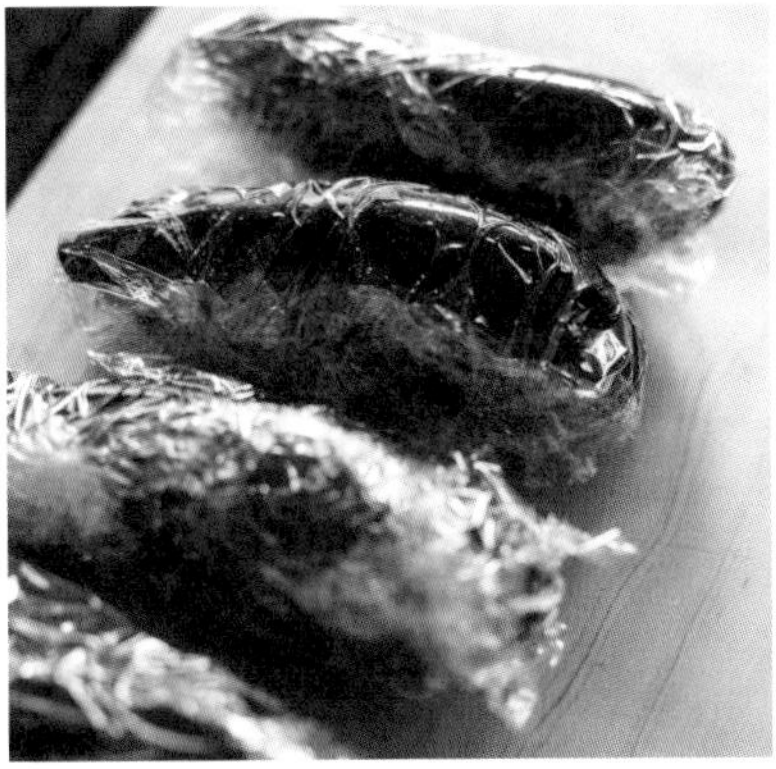

皮にフォークで軽く穴をあけ（破裂防止）、ラップで1つずつくるみます。
600Wのレンジに7分かけましょう。ナスの大きさやレンジ内での位置によって、ムラが出る場合も多いです。
やわらかくなったものから取り出し、固いものは追加で15秒ずつレンジにかけてやわらかくします。

ポイント 2 中身のかき出し方

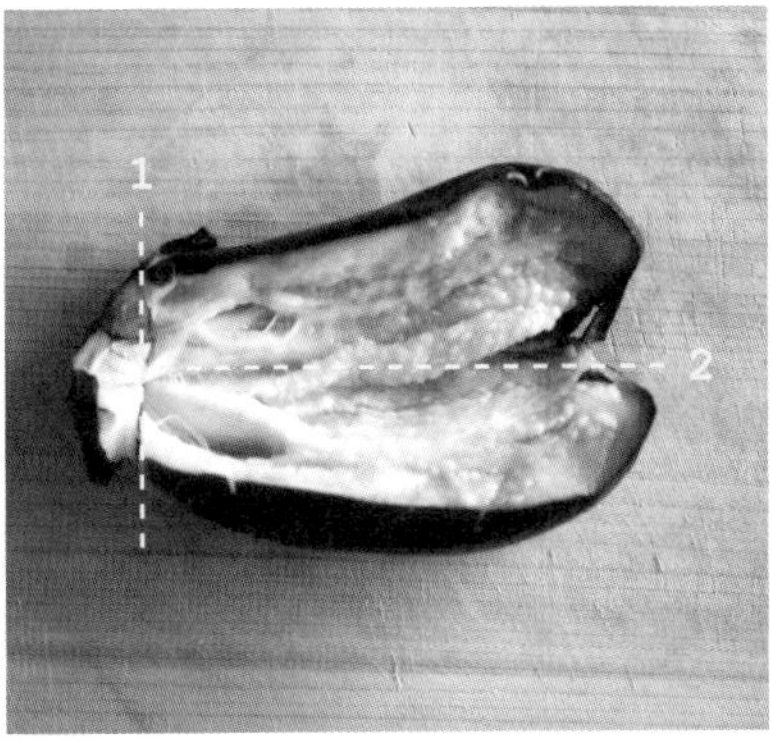

やけどしないよう冷ましてから、まな板にナスを置き、まずヘタの部分、それから横に切り込みを入れ、手で開きます。

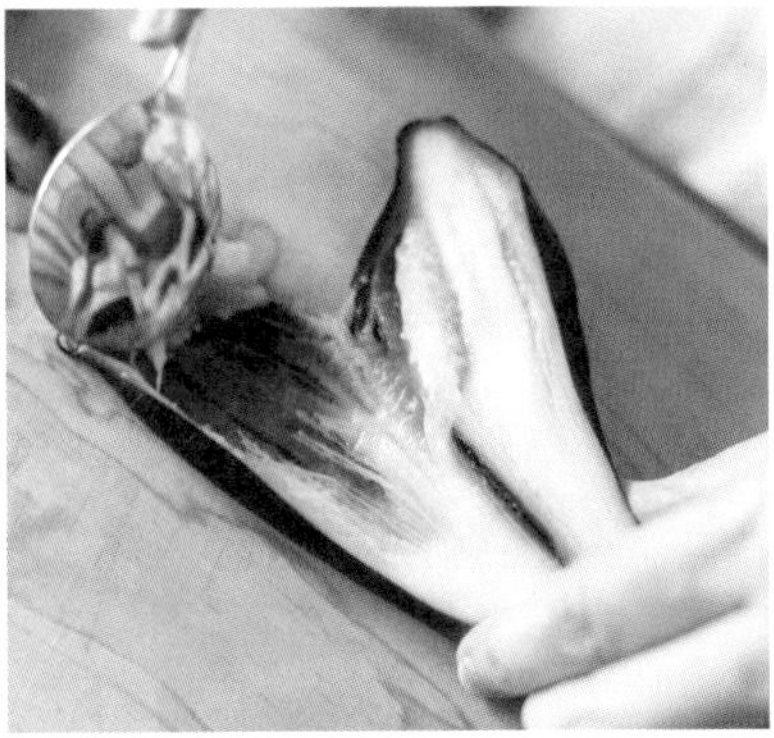

開いたら、スプーンを使い、しごくようにして、皮から中身をかき出します。形が崩れたり、皮がちょっとぐらい入るのは気にしなくてOK。あまり力を入れず、ソフトにかき出すのがコツです。

基本スープ

＋ パン

Arranged recipe

25分

材料

基本 ＋ 食パン 2枚

作り方

基本のなすスープのレシピ2で、ナスを皮からかき出したあと包丁でたたくように刻み、同様に炒めます。塩は小さじ½にします。

8枚切りの薄切り食パンをトースターで焼き、このペーストを乗せて食べます。好みで一味唐辛子や胡椒をふります。

アレンジメモ

炒め終わって水を加える前のナスのペーストは「貧乏人のキャビア」と呼ばれるフランス料理。適度に塩を加え、薄切りにしたバゲットをトーストしてのせたものは、ワインとの相性もばつぐん！

アレンジメモ

ナスのペーストに粉チーズを合わせ、細めのスパゲッティに和えてみてもよし。大葉を混ぜてもおいしい。

一皿スープ

なすトースト

ほっこりあたたまる かぼちゃのバターポタージュ

20分

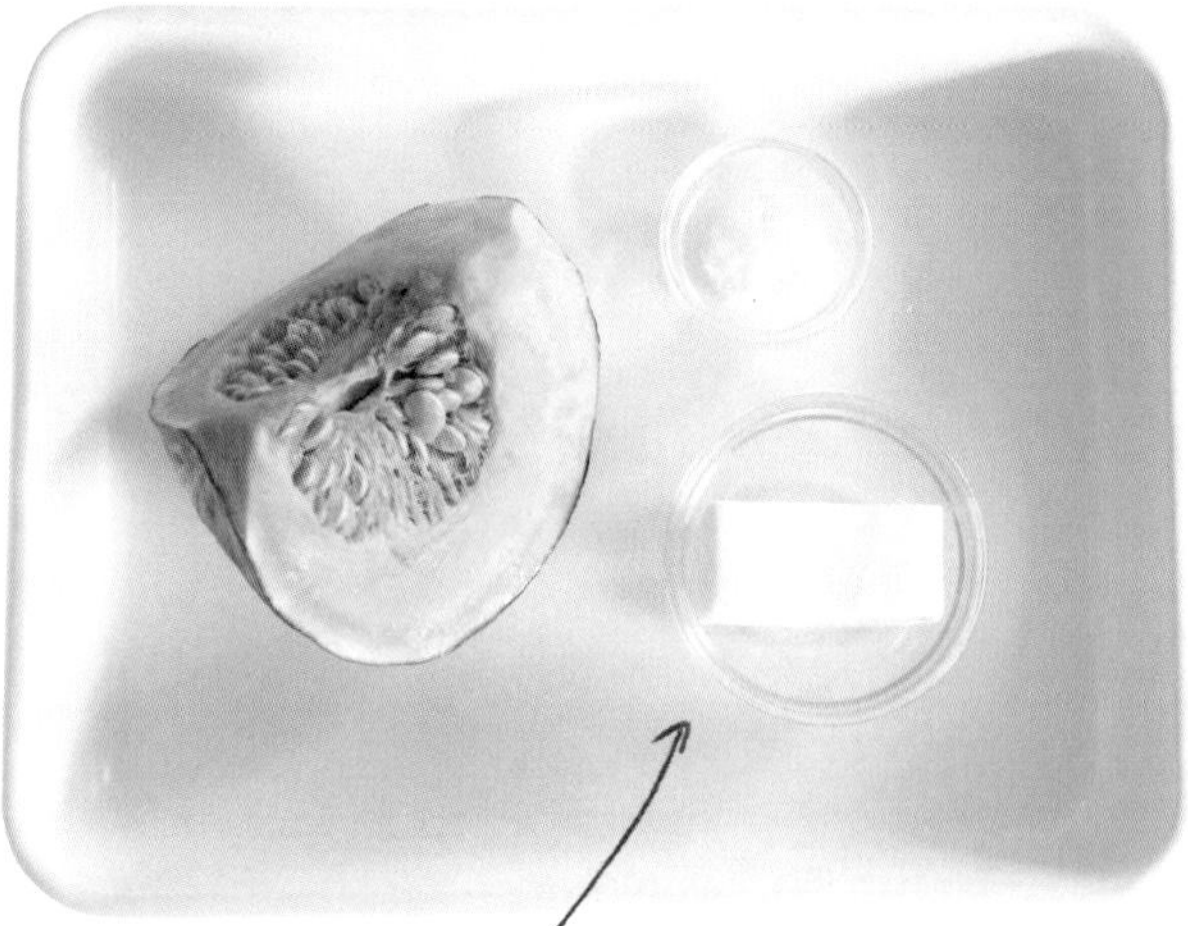

バターは少し多めに
感じますが、
たっぷり使うのがコツ

材料 2人分

- □ かぼちゃ…¼個（約400g）
- □ バター…50g
- □ 塩…ひとつまみ
- □ 水…300㎖

作り方

1

かぼちゃは種とわたをスプーンで取る。ラップをかけ、600Wのレンジに1分半かける。1《ポイント》 4つに切り分けてから皮をむき、8㎜ほどの薄切りにする。

2

鍋にバターとかぼちゃを入れて中火にかけ、混ぜながら5分炒める。100㎖の水を加え、フタをして蒸し煮する。2《ポイント》 5分たったらフタをあけ、かぼちゃをヘラでつぶすようにしながら、水分が飛んでペースト状になるまで炒める。

3

水を200㎖、様子を見ながら加えて、好みのとろみにする。塩で味をととのえる。

ポイント 1

かぼちゃの切り方

かぼちゃは、①4等分して、②皮をむき、③薄切りにする、という手順で切ります。
まず、皮がついたまま4等分にします。切り口を下にしてまな板に置き、しっかり安定させます。

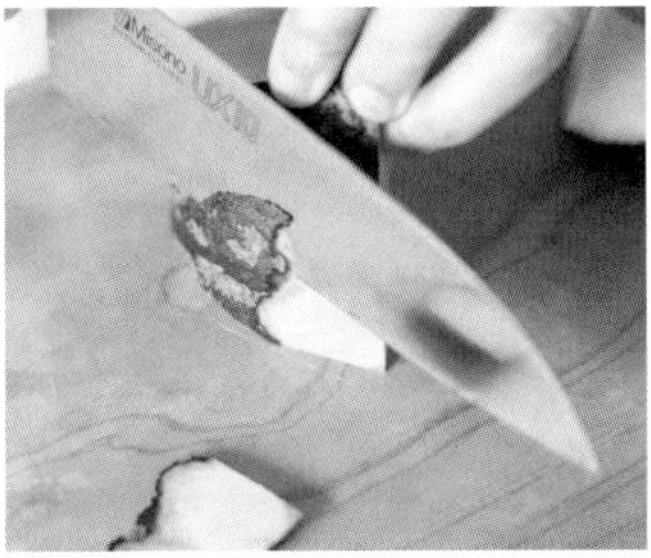

切り口を下にして、皮を右側にして置き、皮の下半分を、包丁でそぐようにして切り落とします。下半分の皮がなくなったら、上下を返して、同じように皮をとります。包丁の下の方を使うことで、滑りにくくなります。
皮がむけたら、薄切りにします。均等に火を通すためになるべく同じ厚みに。

ポイント 2

かぼちゃの加熱

バターが焦げやすいので、ヘラを動かしながらまず5分ほど炒めます。
水100㎖を加え、かぼちゃの高さをならし、フタをしてさらに5分蒸し煮します。途中で一度フタをあけ、水が足りなかったら足してください。

フタをあけ、水分を飛ばすようにかきまぜつつ、ヘラでかぼちゃをつぶしていきます。全部はつぶれなくても大丈夫です。

基本スープ

\+ パン

アレンジメモ

ベータカロテンなど、かぼちゃの栄養は皮に多く含まれる。色は悪くなるが皮つきで調理するのもおすすめ。加熱方法は同じ。煮崩れるまでの時間が余分にかかる。

Arranged recipe

30分

材料

基本

\+ 食パン 1枚

作り方

食パンにバター(またはオリーブオイル)を薄く塗ります。これをタテヨコ4等分にして、トースターでこんがり焼きます。基本通りにポタージュを作り、クルトンをのせます。

トッピングの目的

ポタージュのトッピングは、単なる見栄えアイテムではありません。具なしのポタージュは味が均一のため、途中で食べ飽きないためのアクセントです。何もない場合におすすめなのが、粗塩のトッピング。スープの味を薄めにつけておいて、塩をパラリとふります。塩の混ざり具合で味に変化がつくのです。

一皿スープ

ゴロゴロクルトン入り かぼちゃポタージュ

粗つぶしの魅力

じゃがいもとソーセージのポタージュ

20分

材料　2人分

男爵、きたあかり、
とうやなど煮崩れやすい
品種がベター

- じゃがいも…3個(400g)
- 長ねぎ…½本
- ソーセージ…2本
- バター…20g
- 塩…小さじ⅓
- 胡椒…適宜
- 水…300～400㎖
- パン…適宜

作り方

1 じゃがいもは皮をむき、半分に切ってから幅1～1・5㎝に切る。

2 長ねぎはみじん切りにし、1《ポイント》バターと一緒に鍋に入れ、水を大さじ1～2加え、焦げないように弱火で炒める。途中で水を足してもよい。長ねぎがくったりしたら、じゃがいもと水300㎖、塩小さじ⅓を加え、フタをしっかりして10分ほど煮る。

3 2《ポイント》じゃがいもがやわらかくなったら火を止め、粗くつぶす。水100㎖をめやすに少しずつ加え、好みの固さにする。味を見て、塩(分量外)と胡椒で味をととのえて温める。ソーセージを入れて弱火であたためる。好みのパンと合わせる。

一皿スープ

ポイント 1 長ねぎの炒め方

じゃがいものやさしい味わいを活かすため、長ねぎは焦がさないように炒めるのがコツ。長ねぎがペースト状になるまで炒めます。

最初に加えた水分がなくなって焦げそうな場合は少量ずつ水を加えましょう。

ポイント 2 じゃがいものつぶし方

じゃがいもは冷めてしまうとつぶれにくくなってしまうので、火を止めたらおたまの背などですぐつぶしましょう。あまり細かくつぶさず、粗つぶしにするのがおいしさのコツです。じゃがいもの大小で食感に変化がつきます。

スパイシーでヘルシー　モロヘイヤとトマトのスープ

⏱ 20分

クミンは
ホール（粒）
でもOK

材料　2人分

- モロヘイヤ…1束
- プチトマト…1パック（150g）
- にんにく…大1片
- クミンパウダー…小さじ1
- オリーブオイル…大さじ2
- 塩…小さじ⅔
- 水…約450㎖
- パン…適宜

作り方

1 トマトはヘタをとり4つ割りにする。にんにくはみじん切り。**1**《ポイント》 モロヘイヤの茎の下半分を切り落とし、残りの茎と葉を細かく刻む。

2 鍋にオリーブオイルとにんにくを入れて中火で熱し、にんにくがうっすら色づいたらトマトを加えて炒める。**2**《ポイント》 トマトが崩れたらモロヘイヤの茎を入れ、水１００㎖と塩小さじ⅔を加えて5分煮る。

3 モロヘイヤの茎をとり除き、水３５０㎖を足して沸騰させ、モロヘイヤの葉を一度に入れる。クミンパウダーを入れ、ひと混ぜしたら5分ほど煮て火を止め、味を見て塩（分量外）で調節する。好みのパンと合わせる。

一皿スープ

ポイント 1 モロヘイヤの切り方

茎の下のほうはかたいので切り落としますが、だしをとるために使うので捨てないでください。葉と、やわらかい茎の部分をみじん切りにします。刻んでいる間に葉から粘りが出てきますが大丈夫です。

ポイント 2 モロヘイヤの茎でだしをとる

かたいモロヘイヤの茎は、トマトと一緒に煮てだしをとります。葉を入れる前に、取り出して捨ててしまいます。

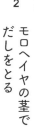

飲みながら作れる ビールとパンのスープ

15分

ハムは
切り落としでもOK
バゲットや
カンパーニュなど、
ハード系のもの

材料 2人分

- たまねぎ…中½個(約100g)
- ハム…100g
- パン…約40g
- ビール…200㎖
- オリーブオイル…大さじ1
- 塩…小さじ½
- 黒胡椒…少々
- 水…250㎖

作り方

1 たまねぎは薄切りにする。ハムは食べやすい大きさに切る。

2 鍋にたまねぎとオリーブオイルを入れて強火にかけ、約3分炒める。そこに切ったハム、1《ポイント》ビール200㎖、水250㎖、塩小さじ½を加え、5分ほど煮込む。

3 2《ポイント》一口サイズに切ったパンを鍋に加えてあたため、パンがスープを吸ってやわらかくなったら味を見て塩(分量外)でととのえ、器に盛って黒胡椒をふる。

一皿スープ

ポイント 1

ビールの種類について

パンとビールで“麦の風味”を感じるところがポイントなので、少し高いですが発泡酒ではなく「ビール」を使いましょう。
一番搾りやプレミアムモルツなど、定番のピルスナータイプが、苦味が強すぎず弱すぎもせず、おいしくできます。
ライ麦パンなどの黒パンと黒ビールとの組み合わせもおすすめです。

ポイント 2

パンの種類について

バゲットやカンパーニュ、黒パンのような、かためのパンが合います。
逆に、食パンやロールパンのような、やわらかい生地のパンは不向きです。
パンによって重さが違うので、レシピの重量は目安です。ふだん食べる量の半分を目安にします。

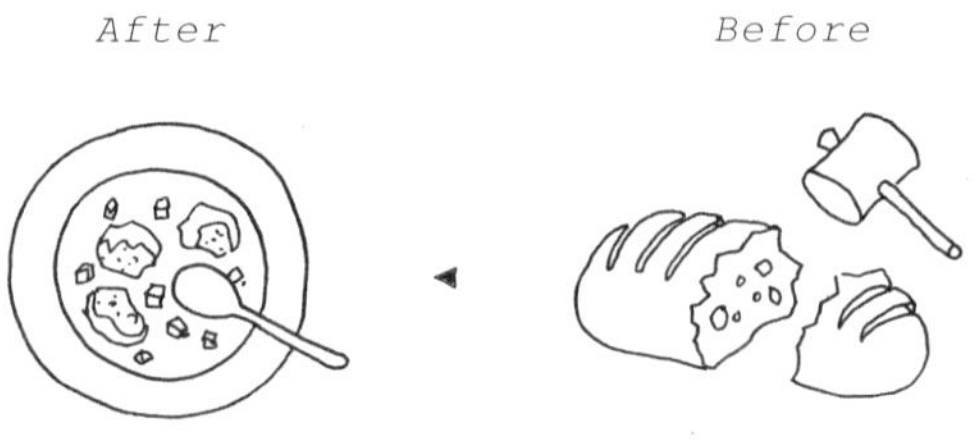

パンと経済

経済的であることは私たちの毎日の食事に欠かせない要素です。安い食材を買う、買ったものを無駄なく食べるということももちろんですが、少ない食材でいかに満足感を高めていくか、ということも重要です。

中世ヨーロッパではパンは毎日焼きたてを食べるものではなく、1週間分を共同のパン窯でまとめて焼いて、保存していました。パンはすぐカチカチになるので、そのままでは食べられません。野菜や肉の煮汁でやわらかく煮込んで食卓に出したのです。そのふやけたパンをさした言葉がスープの語源「ソップ」であり、そのうち、煮汁の方がスープと呼ばれるようになりました。

だから今でもヨーロッパにはパン入りスープがたくさんあります。フランスのオニオングラタンスープ、スペインのにんにくスープやイタリアのズッパも、パン入りスープです。コンソメやポタージュに浮かぶクルトンやクラッカーもその名残です。

パンを入れたスープは、少ない食材で最大限に腹をふくらませるための、庶民

Column

の経済料理です。簡単で、安上がりで、片付けも楽。そして満腹感を得られます。日本でも炭水化物＋野菜の煮汁という食べ方は各地にあり、煮込みうどんや雑炊的なものは庶民のスープの代表といえますが、パン食になじんだ現代の私たちにとって、パン入りスープはそこへ仲間入りするにふさわしいと思います。

　スープに合わせるパンは、しっとりふんわりしたパンよりも、スープをしっかり吸い、かつ水分を含んでもぐずぐずにならない、少しかためのパンや薄切りのパンをカリカリになるまで焼いたものがおすすめです。食パンなら中の白いところよりも耳の部分。パンをスープの中にちぎって入れながら食べるうちに、小麦のうまみがスープに溶け出し、そのスープのうまみがふたたびパンに戻ります。

　わたしはよくバゲットの残りを薄く、またはコロコロに切って、ビニール袋に入れて口をしばり、冷凍庫へ入れています。スープを煮込んでいる間に冷凍庫から出してオーブントースターで焼いてスープの皿に添えたり、スープの鍋に入れて煮込んでしまいます。スープをたっぷり吸ってやわらかくふくらんだパンは、とてもやさしい味わい。口に入れると子供にかえったような気持ちになります。

　経済的でありながら、余り物を食べているという感じがまったくしないのも、うれしいところです。

3章
ごはん

Rice

体よろこぶ

小松菜のオイル蒸しスープ

10分

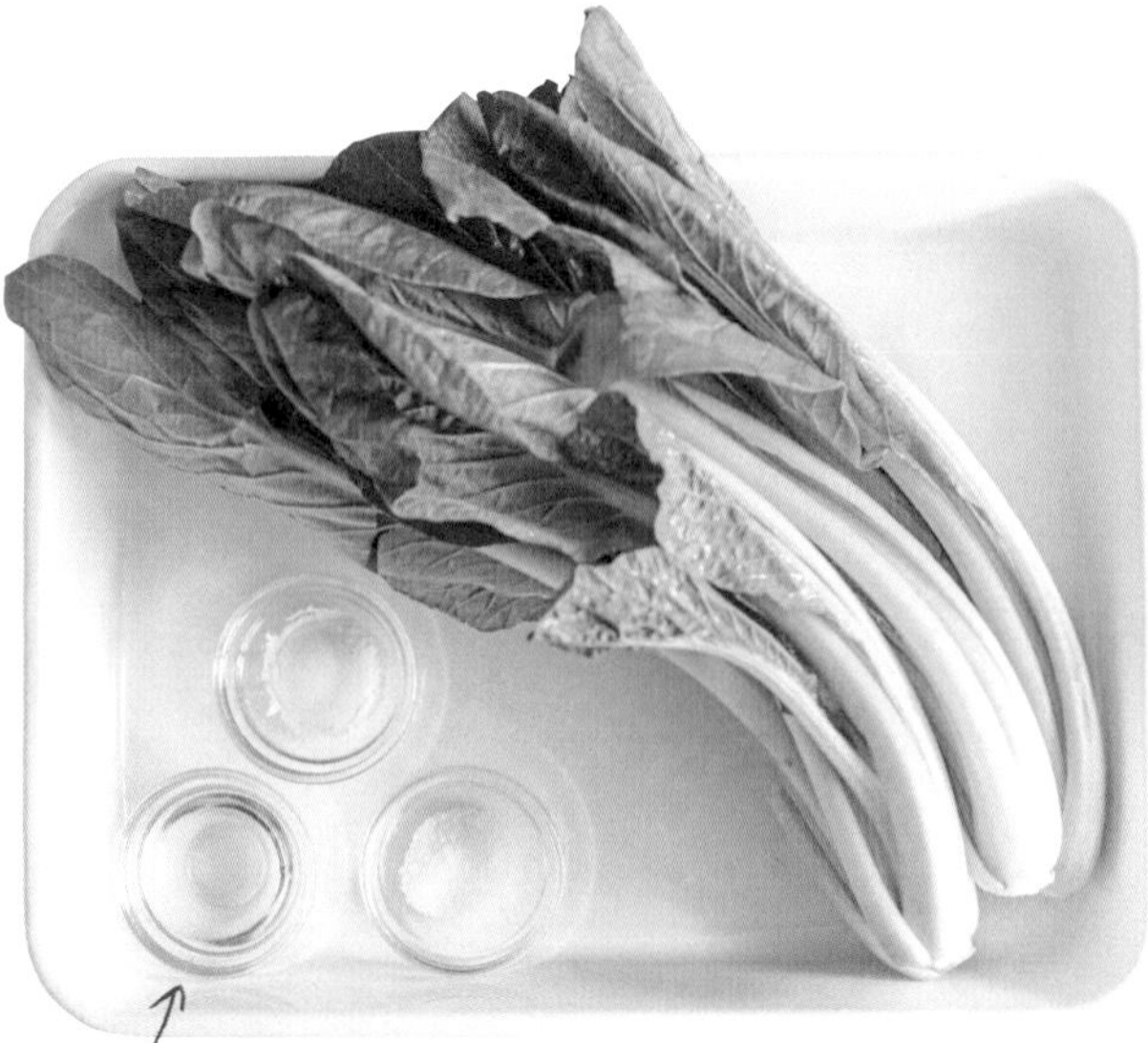

ごま油
でもOK

材料　2人分

- 小松菜…1束
- 塩…小さじ¾
- オリーブオイル…小さじ2
- 片栗粉…小さじ1
- 水…500㎖

作り方

1 1《ポイント》 小松菜はよく洗って水を切り、根元を落として4㎝ぐらいのざく切りにする。

2 2《ポイント》 鍋に小松菜を入れ、塩小さじ¾とオリーブオイルをふり、水50㎖を入れてフタをして、中火で3分蒸す。一度全体を混ぜ、再びフタをして90秒蒸す。

3 小松菜にしんなり火が通ったら、水450㎖を加えてあたため、味見をして、塩（分量外）でととのえる。片栗粉小さじ1を同量の水で溶き、鍋に少しずつ加えてとろみをつける。

ポイント 1 小松菜の洗い方

小松菜は、根元のところに泥がたまりやすいので、根元を割るようにして流水を当てて泥を落とします。

ポイント 2 蒸し煮の方法

鍋は、なるべくぴったりフタができる鍋を用意してください。小松菜を入れ、塩をふり、オリーブオイルをまわしかけ、水50mℓを加えます。フタをして、中火にかけます。

3分ほどたってフタをあけると、かなりしんなりしているはずです。全体を返して、再度フタをして、あと90秒加熱。まんべんなく火を通します。

基本スープ

＋ごはん

Arranged recipe

15分

材料

(基本)＋(牛肉薄切り)150g

オリーブオイルにかえて

＋(ごま油)＋(ごはん)

作り方

オリーブオイルをごま油にかえて基本のレシピ通りに小松菜を3分ほど蒸し煮します。牛肉をのせ、肉の色が変わるまで再び2分ほど蒸し煮します。

水を550mℓ加えて塩小さじ1を加えます。片栗粉大さじ1を同量の水で溶き、鍋に少しずつ加えます。これをごはんにかけます。

アレンジメモ

ごはんにかける場合は、水、調味料、片栗粉を増量！最後にたまごを落としても◎。

青菜のオイル蒸し

野菜を厚手の鍋に入れ、オイルと塩、少量の水を加えて蒸し煮する「オイル蒸し」。塩を最初から加えることで野菜の水分を早めに出すことがポイント。

冬の小松菜や水菜、春の菜の花、秋のチンゲン菜など、旬の青菜は甘みが引き出され、蒸した段階でもおいしく食べられます。

一皿スープ

小松菜と牛肉のあんかけごはん

じっくりくつくつ

塩鶏とたまねぎのポトフ

50分
※肉を漬ける時間はのぞく

材料　2人分

たまねぎは200ｇ
までなら2個、
それ以上なら1個

- 鶏もも肉…1枚（約350ｇ）
- 塩…小さじ1と½（肉の約2％）
- 胡椒…少々
- たまねぎ…1～2個
- マスタード…適宜
- 水…1200㎖

作り方

1

1《ポイント》鶏もも肉をポリ袋に入れ、塩小さじ1と½と胡椒を加えてもみこむ。2時間、冷蔵庫に置く。たまねぎは皮をむき、お尻に十字に切れ込みを入れておく。

2

鶏肉を鍋に入れ、1200㎖ほど水を張って、中火にかける。2《ポイント》アクが出たらすくって弱火に落とし、15分加熱する。その後たまねぎをまるごと加えて3《ポイント》弱火のまま30分煮る。水が減ってきたら、少しずつ加水する。

3

たまねぎがやわらかくなったら、小さじ1までの塩（分量外）を使って味をととのえる。鶏とたまねぎを取り出し、食べやすい大きさに切って皿に盛りつけ、好みでマスタードを添える。

ポイント 1

塩鶏の作り方

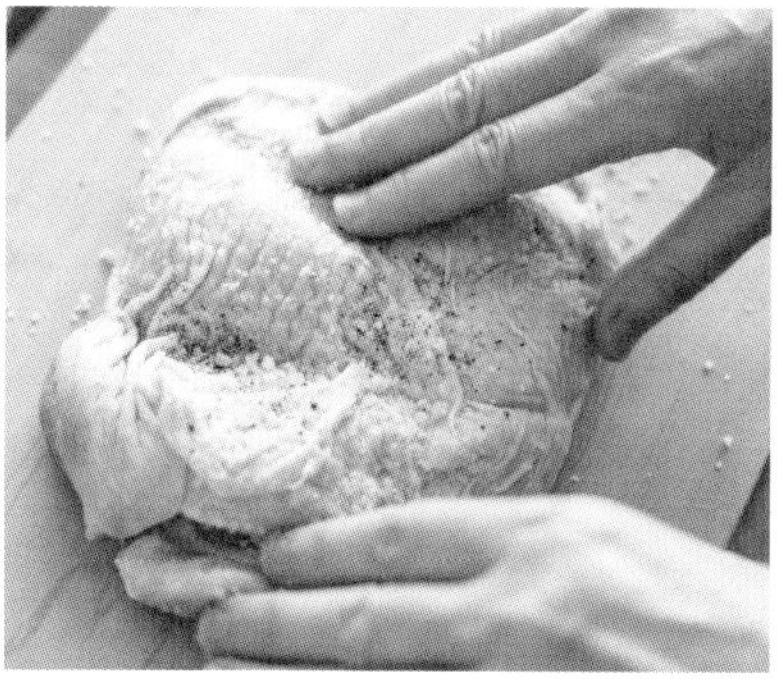

鶏肉に塩胡椒をします。塩の量は、鶏の重さの2％ほど。今回は小さじ1と½を使っています。ポリ袋に入れてもみこむと、簡単で手が汚れません。
手で直にやるときは、塩をこぼさずしっかり鶏につけるようにしてください。
冷蔵庫に入れて2時間寝かせます。このまま1～2日置くと、さらにおいしくなります。

ポイント 2

鶏のアクのとり方

鶏肉と水を鍋に入れて煮ていくと、鶏のアクがブクブク出てきます。ある程度アクがまとまってきたところで大きくすくいとりましょう。アクとりはきりがないので、ある程度すくったら火を弱めればおさまります。

ポイント 3

ポトフの煮方

最大のポイントは火加減です。沸騰させると濁るので、強火はNG。アクをすくったら火を弱火～中弱火にして、ときどき表面がポコッというぐらいの火加減で煮続けます。
フタをすると鍋の中の温度が上がり過ぎ、沸騰してスープが濁ってしまいます。
小さな泡がコトコト湧く程度の火で、放置しておいて大丈夫です。ゆっくりと煮込みましょう。

基本スープ

＋ごはん

アレンジメモ

肉を豚肉にかえるときは、しっかりめ（豚の重量の約3％）に塩をもみこむ。塩が強い分、冷蔵庫のチルドルームで4日ぐらいは持つ。

Arranged recipe

1時間

材料

基本＋ごはん 茶わん1杯
＋たまご 1個＋青ねぎ 少々

作り方

鶏とスープを別にして、おいしい鶏ブイヨンのスープにごはんを加えます。鶏を刻んだもの少々を加え、塩で味をととのえます。最後に溶いたたまごを流し入れて火を止め、青ねぎを散らします。

ポトフの盛りつけ

本場のフランスでは、ポトフを具とスープに分けて出します。「主菜」「副菜」「スープ」が一度にできるすぐれものというわけです。

味付けは塩胡椒だけなので、酸味や辛みのあるマスタードを添えます。意外なおすすめはマヨネーズ。これにからしを混ぜて肉や野菜を食べるとおいしいです。

一皿スープ

ポトフのおじや

おなかにやさしい
ミニマルとろろ飯

15分

材料　2人分

できれば
麦ごはんを

- 長いも…250g
- 味噌…大さじ2(36g)
- 湯…180mℓ
- ごはん…適宜

作り方

1　味噌を器に入れ、分量の湯で少しずつ溶きのばしておく。

2　1《ポイント》 長いもの皮をむいて、おろし器ですりおろし、ボウルに入れる。

3　2の長いもに1を少量ずつ混ぜ、2《ポイント》 箸を4〜6本重ねてよくかき立てる。ごはんにかけて食べる。

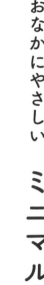

ポイント 1 長いものすりおろし方

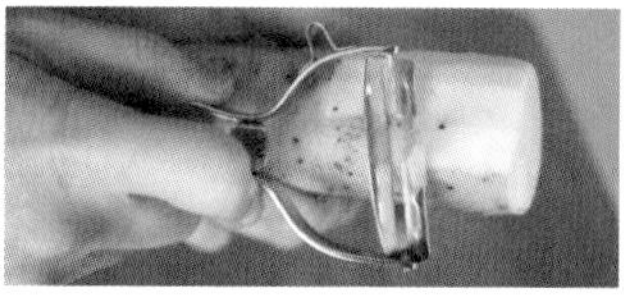

長いもは、洗って、皮をむきます。皮を一部残し、そこを持ってすりおろします。
皮をむきながら、おろし器で山芋をおろしていきます。
皮までおろしたら最後は皮をすべてむいてしまい、キッチンペーパーで押さえるようにすると、すべらずに最後までおろせます。

ポイント 2 味噌汁の混ぜ方

湯に味噌を溶いたものを少量ずつ加え、混ぜていきます。全部混ざったら、箸を4本から6本まとめて全体をよく泡立てるように混ぜて、ふんわりさせます。納豆を混ぜるイメージで、空気を入れるように箸でかき立てましょう。

芯からあたたまる 鶏粥

45分

骨付き鶏なら
よりだしが出る

材料　2人分

- 米…½カップ（75g）
- 鶏もも肉…1枚
- 長ねぎ…4〜5㎝
- たまご…2個
- しょうが…1片（20g）
- 塩…ひとつまみ
- しょうゆ…大さじ1程度
- ごま油…小さじ2
- 水…1000㎖

作り方

1 米はサッと洗ってザルに上げる。鍋を中火にかけ、ごま油小さじ1をひいて米を入れる。**1**《ポイント》 1〜2分ほど、焦げつかないよう米を炒める。

2 鍋にかたまりのままの鶏もも肉と水1000㎖、塩ひとつまみを加えて、**2**《ポイント》 沸騰しかけたら火を弱火にして底から一度混ぜ、そのまま40分ほど炊く。火を止める5分ほど前に、鶏肉を取りだしておき、少し冷まして薄切りにするか、手で割く。

3 しょうがと長ねぎを千切りにする。たまごを黄身と白身に分ける。でき上がった粥をたっぷり器に注ぎ、卵黄、鶏、長ねぎ、しょうがを盛り付け、醤油とごま油を好みの量加える。

一皿スープ

ポイント 1 米の炒め方

厚手の鍋にごま油をひき、米を入れて焦げつかせないよう、1分から2分炒めます。最初にお米をごま油で少しだけ炒めておくことで、米が割れやすくなり、とろみのあるお粥になります。

日本式のお粥とはタイプが違います。お米の浸水はしなくてもOKです。

ポイント 2 静かに煮る

最初のうちは鍋底にお米がくっつくことがあるので、沸騰しかけたあたりで底から鍋をさらい、その後はあまりさわらないようにしましょう。

フタはしないで、弱火でコトコトと炊いていきます。

うまみがギュッと凝縮　きのこリゾット

25分

しめじ、まいたけ、しいたけ、エリンギ、えのきなど

材料　2人分

- 米…120g
- きのこ…2~3種を合わせて150g
- にんにく…1片
- オリーブオイル…大さじ1と½
- 塩…小さじ⅔
- 胡椒…少々
- 湯…約800㎖

作り方

1

きのこはいしづきを取って手で細かくさく。にんにくは皮をむいてつぶす。鍋にオリーブオイル大さじ1とにんにくを入れ、弱火で熱する。香りが出たら、きのこを加えて中火に切りかえ、4~5分、しっかりと炒める。

2

1《ポイント》米を加え、オリーブオイル大さじ½を足して、2分ほど炒める。

3

2《ポイント》熱湯800㎖を加え、中火で15~18分煮る。米がやわらかくなったら、塩小さじ⅔を加え、味を見て塩(分量外)で調整する。最後に胡椒をふる。

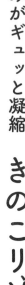

一皿スープ

ポイント 1 米を炒める

きのこを炒めた鍋に米を加え、オリーブオイル大さじ½を足して、中火のまま米の一部に半透明感が出てくるまで、2分ほど炒めます。

この段階ではまだ生米です。

ポイント 2 煮込む

湯800mlを加え中火で15分ほど煮ます。熱湯を加えるのは、粘りを出しにくくするため。あまりかき混ぜすぎないように煮ます。フタはせず、ときどきヘラで底から返し、アクが出たらすくいとります。タイマーをかけて放置するぐらいで大丈夫です。

15分たったら食べてみましょう。まだ米が生煮えっぽい感じであれば、さらにもう少し加熱します。

味噌汁だけじゃない！　なめコンソメ

5分

材料　2人分

- なめこ…1袋
- ハム…1〜2枚（20g）
- パセリ（みじん切り）…大さじ1
- 塩…小さじ½
- 胡椒…少々
- 水…350㎖

作り方

1　ハムとパセリをみじん切りにする。1《ポイント》　なめこはザルに入れてさっと洗う。

2　なめことハム、塩小さじ½と胡椒を耐熱容器に入れ、水350㎖を入れて、600Wのレンジに3分半かける。

3　レンジからとりだしてスプーンで混ぜ、味をみて塩（分量外）で調節し、2《ポイント》　パセリを散らす。

ポイント 1 なめこの洗い方

なめこは、そのまま使ってもほとんど問題はありません。ただ、時間がたったものは袋をあけたときに酸っぱい匂いがするかもしれません。乳酸菌が少し繁殖している証拠です。
おがくずなどのゴミがついている場合は、水で軽く洗うといいでしょう。

ポイント 2 パセリの重要さ

パセリは単なるいろどりではなく、香りや軽い苦味を利用して、なめこのうまみを引き立て、味に奥行きをつける重要な薬味です。たっぷり使いましょう。
よく見かけるもしゃもしゃのパセリ（左）のほか、イタリアンパセリ（右）がありますが、どちらでも大丈夫。香りを活かしたいので、加熱した後で散らします。
パセリがないときは、青ねぎやピーマンのみじん切りなど、香りがある野菜なら代用できます。

基本スープ

＋ごはん

Arranged recipe

7分

材料

基本

＋ ごはん 1と½膳

作り方

あたたかいごはんをサッと洗ってザルに上げておきます。

基本のなめコンソメを水400mℓ、塩小さじ⅔に増やして作ります。ごはんを加え、再度1分半ほどあたため、最後にパセリを混ぜ込みます。

パセリは食べるときに好みの量をふりかけてもOKです。

アレンジメモ

スープにごはんを入れて雑炊にするときは、さっとごはんを水洗いして粘りを洗い落とすと、サラリとしたおいしい雑炊に。

なめこは一気に使い切ろう

なめこにはぬめりがあり、水分も多く傷みやすいため、袋詰めで売られています。半端に残さず、このスープのように、開封したら一袋使い切ってしまうのがおすすめです。買った翌日までに使えなかったら、袋ごとそのまま冷凍庫へ！

一皿スープ

なめこリゾット

包丁いらずで作れる ポーク・ビーンズ

40分

材料　２人分

ホール、カット
どちらでも可

大豆やひよこ豆、
ミックスビーンズ、
白いんげん豆
などでも可

- 合いびき肉…200g
- レッドキドニー水煮…約200g
- トマト缶…1缶
- オリーブオイル…大さじ1
- 塩…小さじ1
- 胡椒…少々
- 水…200㎖

作り方

1 厚手の鍋を中火にかけてオリーブオイルを熱し、1《ポイント》ひき肉を広げるようにして入れ、あまり動かさずに焼く。ヘラで持ち上げ、焦げ目がついていたら大きく返して、裏側も焼きつける。

2 2《ポイント》豆は水が入っているものは、水気を切り、鍋に入れる。トマトを手でつぶしながら入れる（カットトマトならそのまま）。

3 水２００㎖と塩小さじ1を加え、沸騰したらアクをとり、弱火にして30分煮る。味を見て、塩（分量外）と胡椒で調節する。

ポイント 1

ひき肉の焼き方

ひき肉をほぐさず1枚のステーキ肉とイメージして、ヘラなどで混ぜたりせずにしばらく放置して、焦げ目をつけていきます。
2分ほど焼いて、端を少しヘラで持ち上げ、焦げ目がしっかりついていたら大きく返します。裏も焼くと、少し動かすだけで自然にほぐれてきます。

ポイント 2

水煮豆の種類

ここではチリ・ビーンズによく使われる「レッドキドニー」を使いました。
豆は、缶詰や紙パックの場合は、水が一緒に入っている場合があります。水気はしっかり切ってから、鍋に入れてください。記載の分量は、豆だけの重量です。

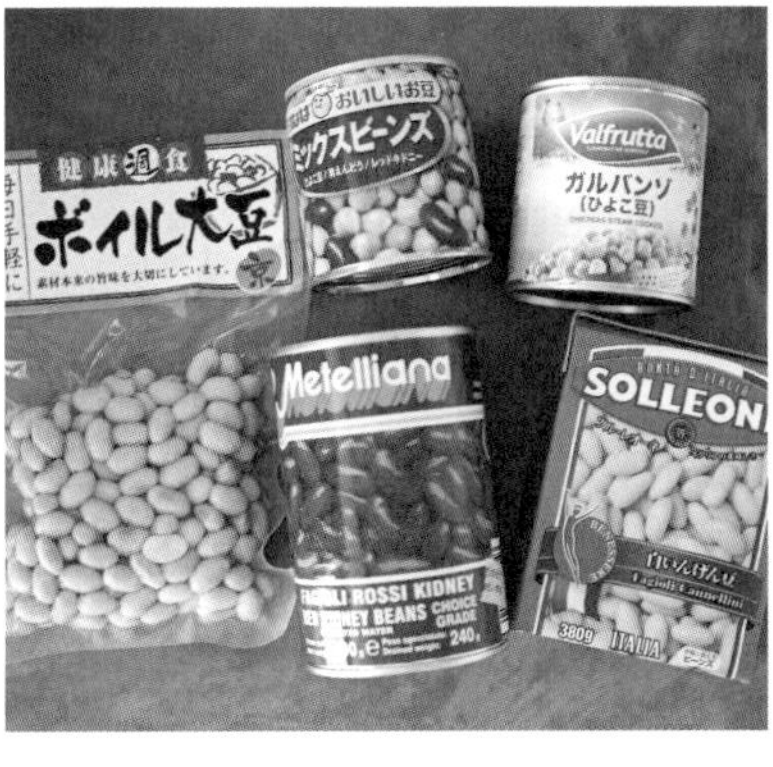

豆の種類にはいろいろあり、食べごたえのある大豆、丸くてホクホク食感のひよこ豆、きめ細かでクリーミーな白いんげん豆、いろいろな豆をブレンドしたミックスビーンズなど、どんな豆でもおいしくできます。好みの豆をお使いください。

基本スープ

＋ごはん

Arranged recipe

40分

材料

基本

＋チリパウダー　小さじ1

＋ごはん　2膳　＋ピーマン　½個

＋細切りチーズ　ひとつかみ

作り方

基本のポーク・ビーンズを作り、仕上げにチリパウダーと刻んだピーマンを加える。

ごはんを器によそい、ポーク・ビーンズをかけて細切りチーズをのせる。

アレンジメモ

アレンジでぜひ試してほしいのは、チリパウダー。チリパウダーは南米料理に使われるミックス・スパイスで、唐辛子やオレガノ、塩などのブレンド。これは普通にチャーハンや肉を焼くときに使ってもおいしい。

間違いやすいものにチリペッパー（カイエンペッパー）という、赤唐辛子のみのスパイスがあるので、注意。

アレンジメモ

ピーマンとチーズのほか、トマトやレタス、オニオンスライスなど、好みの野菜をサラダのようにトッピングしてもおいしいもの。

一皿スープ

タコライス

夏のスタミナ食

いんげんとひき肉のスープカレー

15分

フレーク状が
溶けやすく便利。
細めの
柔らかいもの
がよい

材料 2人分

- さやいんげん…150g（1〜2束）
- 豚ひき肉…150g
- しょうが…20g
- ごま油…大さじ1
- カレールウ…25g
- 酢…小さじ1
- 水…400mℓ
- 塩…適宜
- ごはん…適宜

作り方

1 1《ポイント》 さやいんげんは、ヘタを切り落とし（筋がある場合は筋をとる）、コロコロに切る。しょうがはすりおろす。

2 ごま油を鍋に入れて中火にかけ、2《ポイント》 肉を広げるように入れて2〜3分焼きつける。肉の色が変わったところで、おろしたしょうが、さやいんげんを加えて全体を混ぜながら2〜3分炒める。

3 水400mℓとカレールウを加え、5分ほど煮込む。酢を小さじ1加える。味見をして塩でととのえ、ごはんにかける。

一皿スープ

ポイント 1 さやいんげんの切り方

主役なので、小さなパックなら2パックぐらいあってもいいでしょう。

筋がある場合にはそのままゆっくりスーッと引っ張っていくと、きれいにとれます。

洗ったらヘタを切り落とし、小さくコロコロに切ります。小さく切ることで、口に入れたときにひき肉との一体感が出ます。

ポイント 2 ひき肉の炒め方

厚手の鍋を使って、しっかり油を熱します。肉を広げて入れたらすぐ触らずに放置し、1分過ぎた頃、ヘラなどで底の方から返します。肉を炒めると、鍋肌にくっついてしまうことがありますが、しっかりと火が通ると自然にはがれてきます。

最初に鍋をしっかり熱しておくのも、こびりつかせないポイントです。

さっぱりサラサラ

オクラときゅうり、みょうがのだし

20分

※漬けおき時間をのぞく

大きなものなら1本

材料　2人分

- オクラ…6〜7本（1袋）
- きゅうり…2本
- みょうが…2個
- しょうが…1片
- めんつゆ（かけだしの濃さにして）…400㎖
- 塩…適量（下ごしらえ用）
- ごはん…適宜

作り方

1

1《ポイント》 きゅうりは、横半分、縦4つ割りにしてから7〜8㎜の幅に切り、塩を薄くふって10分ほどおく。みょうがは縦半割にしてから、薄切りにする。しょうがはみじん切り。

2

2《ポイント》 オクラに塩をふって板ずりをする。鍋に湯を沸かして1分ゆで、水にとってさます。ヘタを切り落として薄切りにする。

3

切った野菜を器に入れ、かけつゆの濃さに調整しためんつゆを加えて冷蔵庫で2〜3時間冷やす。ごはんにかける。

ポイント1 きゅうりの下ごしらえ

きゅうりは横半分、縦4つ割りにして、端から刻みます。
薄く塩をふることで余分な水分がぬけ、だしが水っぽくならずにすみます。
みょうがは水分がそれほど出ないので、そのまま加えて大丈夫です。

ポイント2 オクラの下ごしらえ

オクラはうぶ毛が気になるので下処理をして使います。まずまな板の上にオクラを並べ、塩を小さじ1ほどまぶして両手をのせ、コロコロ前後に10往復ぐらい動かします。これを「板ずり」といいます。

板ずりを終えたら水でさっとすすぎ、お湯で1分ゆで、水にとると色鮮やかになります。ガクの部分を切り落とし、薄く刻みます。

肉が香ばしい ニラ豚汁

10分

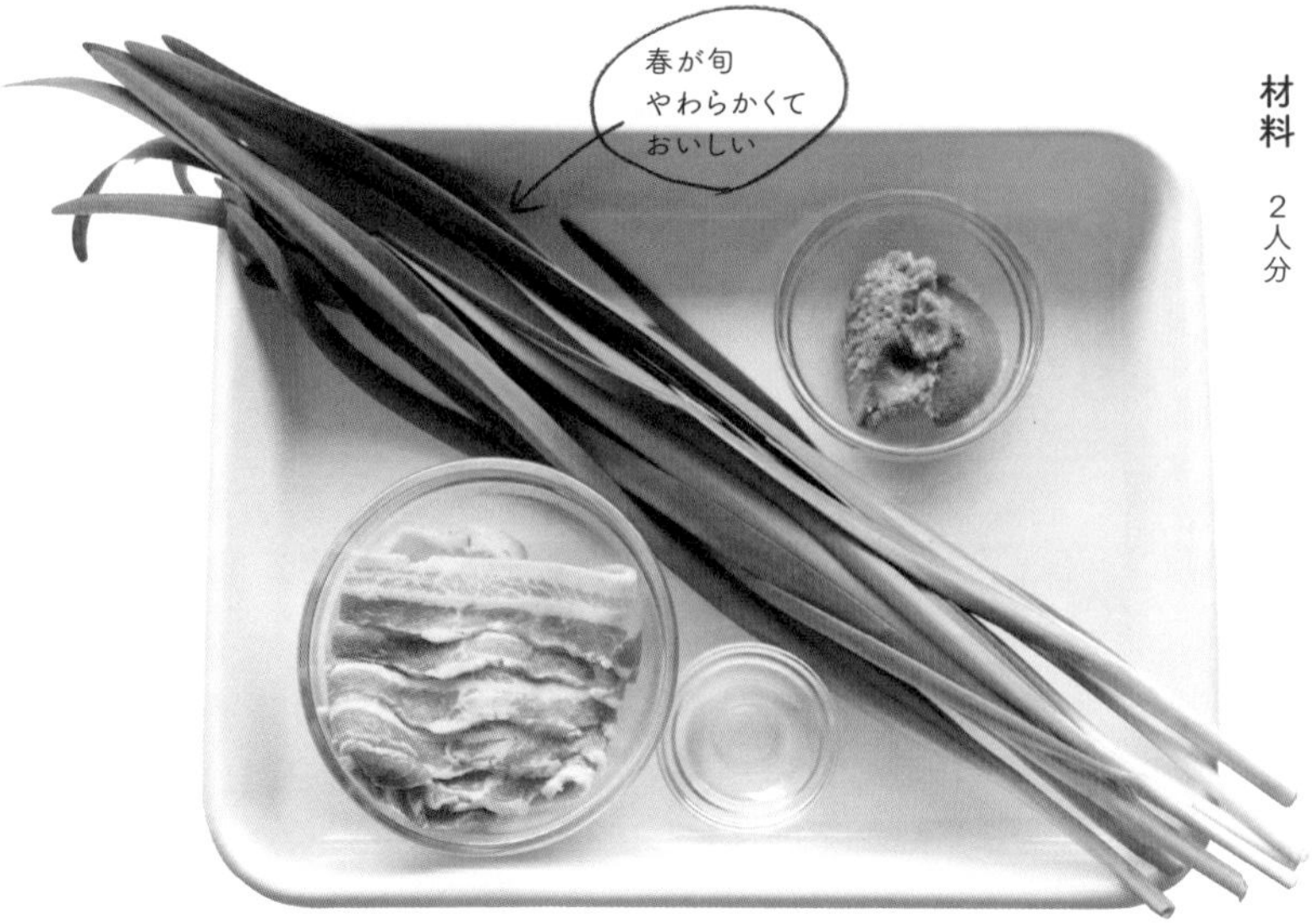

材料 2人分

- ニラ…1束
- 豚バラ薄切り肉…150g
- サラダオイル…小さじ2
- 味噌…大さじ2と½
- 七味唐辛子…適宜
- 水…450㎖

作り方

1 ニラは4㎝の幅に切る。豚バラ肉も食べやすい大きさに切る。

2 フライパンにサラダオイルを薄くひいて、豚肉を重ならないように並べ、1《ポイント》 中火にかけ、両面焦げ目がつくまで焼く。焼きあがったら出た脂をペーパーなどに吸わせて取り去る。

3 水450㎖を加えて沸騰させる。2《ポイント》 ニラを加え、味噌大さじ2と½を溶き入れお好みで七味唐辛子をふる。

ポイント 1

豚肉の焼き方

豚肉を重ならないように並べ、しっかりと焼き色をつけて、焦げ目のうまみを利用します。3分ほど動かさずに焼いていると、肉の端の方から焦げてきます。ひっくり返し、両面しっかり焼き色をつけましょう。バラ肉から出る脂で揚げ焼きするような感覚です。焦げやすいところへ肉を順番に移してあげるとまんべんなくきれいな色がつきます。

おいしそうな焼き色がついたら、必ずやってほしいことがあります。キッチンペーパーなどで、豚から出た脂をしっかり吸い取ってしまうことです。酸化した脂を吸い取ることで、さっぱりと、脂っこすぎない味に仕上がります。

ポイント 2

ニラの煮え加減

ニラは、煮過ぎると香りも食感も失われてしまうので、必ず食べる直前に入れてください。時間差で食べるなら、肉を煮て味噌を溶き入れるまでやっておき、ニラだけを最後に入れるとニラの香りが逃げません。

基本スープ

ニラ豚汁

単品豚汁のレシピ

キャベツ、ごぼう、小松菜、じゃがいも、にんじん、アスパラ……。豚肉+野菜1品の「単品豚汁」はとても便利で美味。家であまった野菜で気軽に作れるし、肉がちょっと入ることでボリュームも出て、ごはんのすすむ、うれしい汁物になります。

ごぼう豚汁

2人分

材料

- □ ごぼう…½本
- □ 豚バラ肉…80g
- □ 味噌…大さじ2
- □ ごま油…小さじ2
- □ 練りがらし…少量
- □ 水…600mℓ

作り方

ごぼうは洗ってささがきにする。豚肉は食べやすく切る。

鍋にごま油を熱し、ごぼうを炒める。肉を加え、水600mℓと味噌の半量を加え、7～8分煮る。

ごぼうがやわらかくなったら残りの味噌を溶く。好みで練りがらしを添える。

キャベツのあまざけ豚汁

2人分

材料

- □ キャベツの葉…5～6枚（約200g）
- □ 豚バラ薄切り肉…150g
- □ あまざけ（麹由来のもの）…100mℓ
- □ 味噌…大さじ2
- □ 水…400mℓ

作り方

キャベツは5～7㎝角の大きさに手でちぎる。豚肉は4～5㎝の幅に切る。

鍋にキャベツを入れて豚肉をのせ、水を50～100mℓ入れて鍋のフタをする。中火にかけ、キャベツがすっかり柔らかくなるまで8分ほど蒸し煮する。ときどき鍋のフタをあけて水が少なかったら足す。

キャベツが蒸し上がったら、水300mℓ、あまざけ100mℓを加えてあたためる。味噌を加えて溶き入れる。

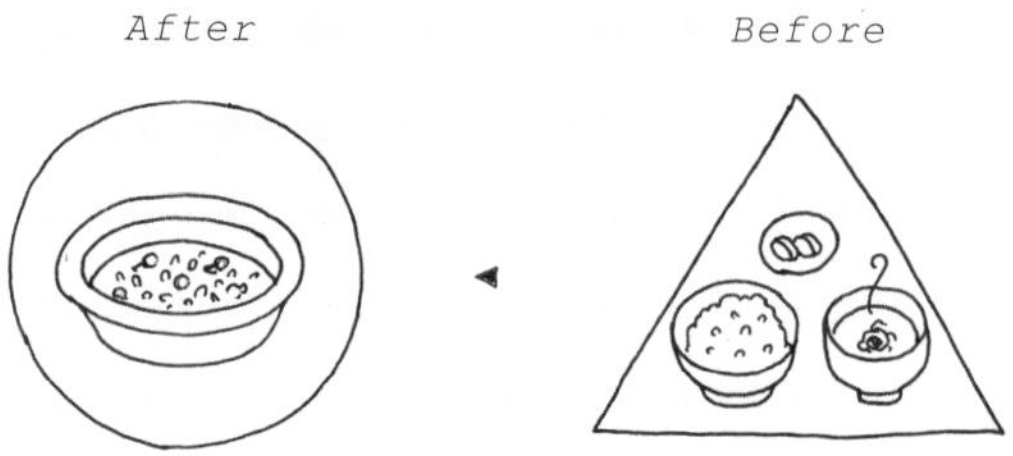

ごはんと満足

ごはんの満足って不思議なものです。

ビーフシチューやロールキャベツにごはんだけを出すと、うちの夫はちょっと物足りないな、という顔をします。ボリュームや栄養面でも不足はないのですが、作った私自身もしっくりきていません。もやもやした気持ちをかかえて冷蔵庫から佃煮や納豆を出しながら、ふと、食事の満足には「型」による食習慣の力が大きいのではないかと思いました。

型とは、食べ方の決まりごと。たとえば洋風なら、前菜+主菜+デザートでしょうか。日本の場合は、米の飯と汁、そしておかず3皿の「一汁三菜」が膳組の基本です。主食である米、のどをうるおす水分の汁、ごはんを食べ進める塩分の菜というそれぞれ役割を持った三角形に、日本人のおかず観や汁物観が見えてきます。

一汁三菜のスタイルは、たとえば小学校で習う「三角食べ」にも引き継がれていて、子供のころから慣れ親しんだ型です。私のもやもやの原因になったビーフ

Column

シチューやロールキャベツは、汁か菜かがはっきりしないメニューで、日本人にとっては献立が立てにくいと考えると納得がいきます。

しかし、型を守る満足もあれば、型を破る快感もまた、存在します。ごはんと汁が一体化したおいしさは型の外に生まれたもので、農作業の間のまかないめしだったり、野外料理だったり、十分な設備や時間がない中で食べるものとして作られましたが、決まりにしばられない気楽さと合理性が魅力です。

型を破るといっても、それは生活の中から生まれた自然なもので、郷土料理のように地域性を持つものもたくさんあります。そう考えると、ごはんと汁が一体化した雑炊や粥、そして汁かけ飯は、日本人にとって、すでにもうひとつの食の型になっているのかもしれません。

具がたっぷりのスープに白いごはんだけを出した日は、ちょっと物足りないな……という顔をする夫が、ごはんにシチューをかけたものや、作りおきのスープで作った雑炊をとてもうれしそうに食べている姿を見ると、ごはんの満足は一筋縄ではいかないなと感じるのです。

Column

スープのための道具と調味料

Tools

スープの道具

鍋は、厚手の多層構造ステンレス鍋が、蓄熱性もあり丈夫で手入れしやすく、日々のスープづくりに便利です。麺料理を作るならサイズは最低でも直径18〜20㎝ほしいところ。

もうひとつは深型のテフロンのフライパン。煮込む前に具材を焼きつけたり炒めたりでき、直径が24㎝あれば、2人分のスープやシチューにも十分です。

テフロン鍋にも使えるシリコンベラは、スープの野菜を炒めたりルウを作ったりと大活躍します。

おたまは柳宗理のステンレスのレードル、注ぐ部分が細めの小型のもので、口の小さな器にもこぼすことなくきれいにスープが注げます。とても使いやすいですよ。

鍋：宮崎製作所　ジオ 片手鍋 20㎝
へら：無印良品　シリコーン調理スプーン
おたま：柳宗理　レードルS

塩、砂糖、味噌

スープに使う程度の量では、塩と砂糖のよしあしは味にほとんど影響がありません。安いものでも大丈夫です。

麺・パン・ごはんによっておいしいと感じるスープの塩分が変わります。麺は塩味をやや強めに。逆にパンやごはんの場合はスープがしみ込んで一体化するので、麺ほど強い塩味でなくてもOKです。

味噌はごく普通の赤味噌が使いやすいと思います。買ってみたものの、なかなか減らない白味噌や八丁味噌などは、メインで使う赤味噌の容器に少しずつ置いて、どんどんブレンドしてみましょう。色や甘み、うまみの違いを感じると、味噌を使うのが楽しくなります。

Seasoning

醤油と酢

醤油や酢などの発酵調味料は高価に感じても少し品質のよいもの(高価なもの)を使うと料理が味わい深くなります。

スープのだしが薄いと感じたときに、塩味や酸味だけでなく、うま味を補うことができて重宝します。

私もさまざまな造り手のものを調べては試していますが、真面目に醸造している蔵の醤油や酢は、やはりおいしさが違います。

酢:飯尾醸造　富士酢プレミアム
醤油:ミツル醤油　生成り

ミングルのこと

〜あとがきに代えて〜

二〇一九年の春、自宅を改造して
リビングに「ミングル」という
ごはん装置ができました。

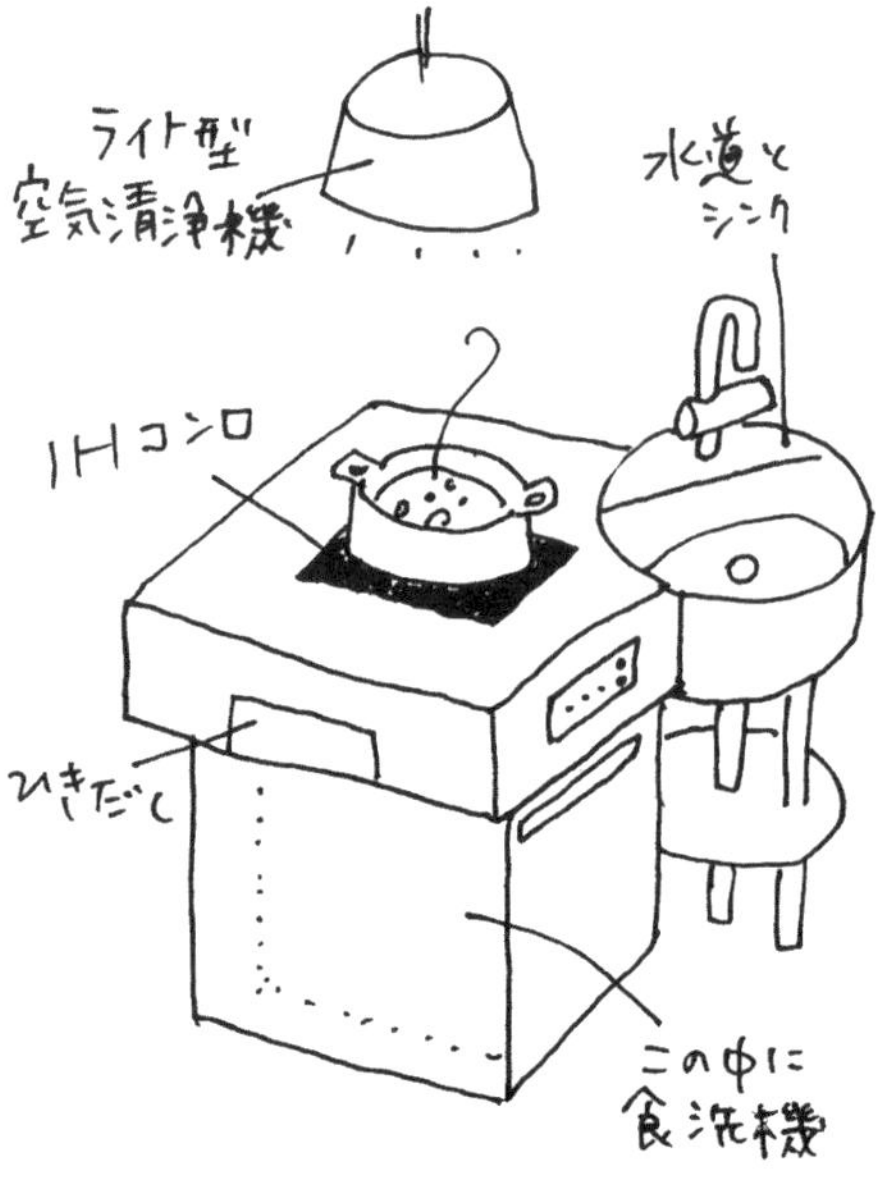

この場で
「作る」「食べる」
「かたづける」
すべてが
できます。

Conclusion

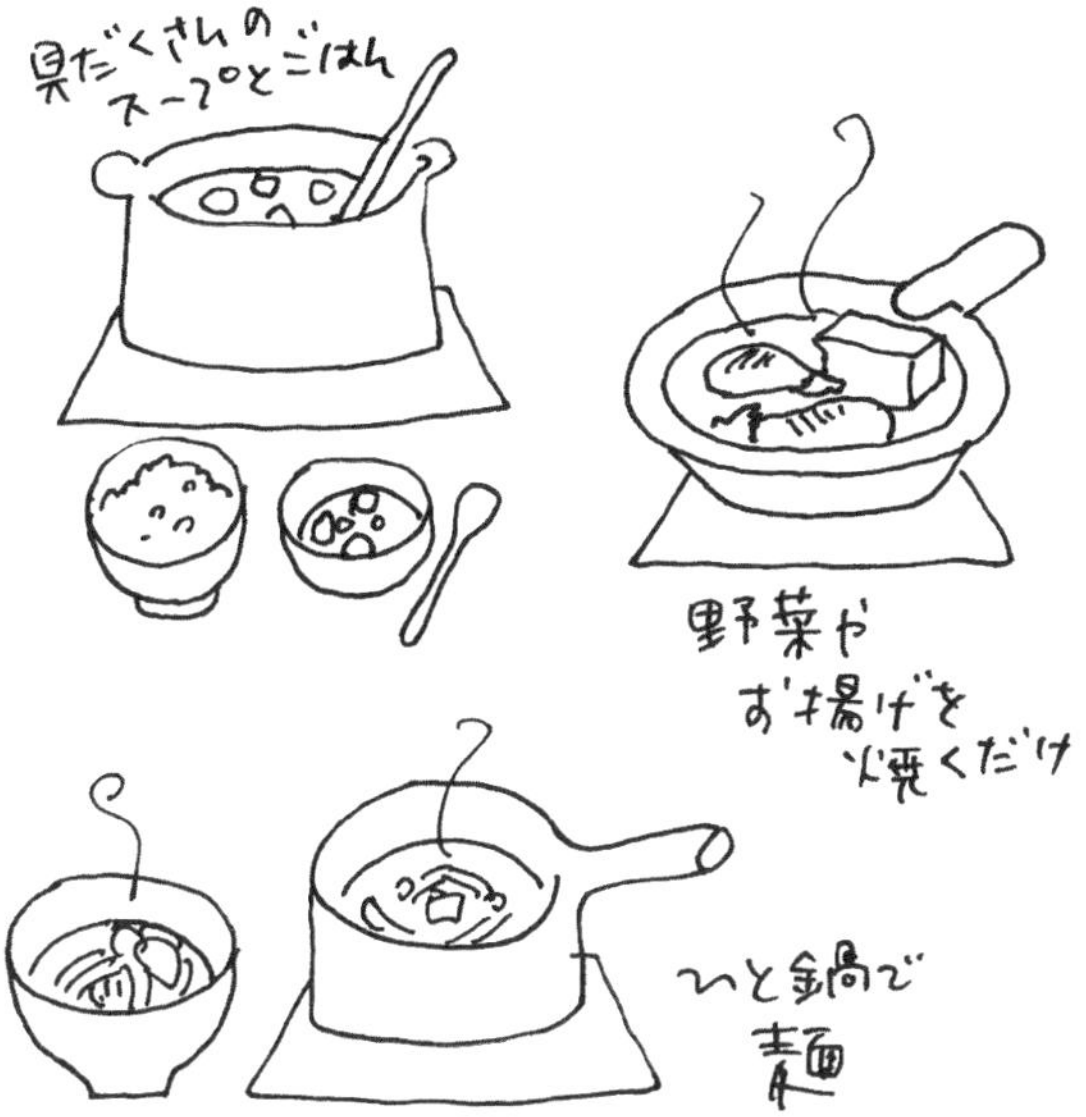

ふくらみすぎた毎日が
自分の身の丈サイズに
戻ってきたようです

誰もがミングルを作れないとしても
「作る」と「食べる」が近づくことで
作る人・食べる人 どちらもが
幸せに 笑顔になれたら
日々の食事のことは
もっと気持ちよいものに
なるのかもしれません。

そんな
新しい食の形を
いっしょに作って
みませんか?

2020年
9月
kaoru

デザイン　千葉佳子(kasi)
スタイリング　伊豫利恵(so-planning)
撮影　山本康平
イラスト・部分撮影　有賀薫
協力　井澤健輔(note株式会社)
編集　中島洋一
製作　中嶋愛
制作　関結香
販売　桂木栄一　高橋徹　川井田美景
森田巌　末吉秀樹

初出・cakes(ケイクス)
二〇一七年七月一〇日～二〇二〇年五月二十五日配信
連載時の原稿に大幅に加筆修正をしました。

Profile

有賀薫

ありが・かおる

スープ作家。2011年から8年間、約3000日にわたって、朝のスープ作りを日々更新。レシピ、コラム、イベントを通じて、おいしさに最短距離で届くシンプルな食べ方や料理の考え方を発信し、作る人と食べる人がともに幸せになる食卓をめざす。著書に『スープ・レッスン』(プレジデント社)、『朝10分でできるスープ弁当』(マガジンハウス)、『3000日以上、毎日スープを作り続けた有賀さんのがんばらないのにおいしいスープ』(文響社)など。『帰り遅いけどこんなスープなら作れそう』(文響社)で、第5回料理レシピ本大賞入賞。

note.com/kaorun

スープ・レッスン2 麺・パン・ごはん

二〇二〇年 九 月十一日 第一刷発行
二〇二一年 二 月 五 日 第二刷発行

著者 有賀 薫
発行者 長坂嘉昭
発行所 株式会社プレジデント社
〒一〇二-八六四一
東京都千代田区平河町二-一六-一
電話 編集 〇三-三二三七-三七三二
販売 〇三-三二三七-三七三一

印刷・製本 凸版印刷株式会社

ISBN978-4-8334-2378-6